Looking Within / Mirar adentro

African American Life Series

A complete listing of the books in this series can be found at the back of this volume.

Series Editors:

Melba Joyce Boyd
Department of Africana Studies, Wayne State University

Ron Brown
Department of Political Science, Wayne State University

NANCY MOREJÓN

Looking Within / Mirar adentro

Selected Poems / Poemas escogidos, 1954–2000

Bilingual Edition

Edited and with an Introduction by
JUANAMARÍA CORDONES-COOK

*Translations by Gabriel Abudu, David Frye, Nancy Abraham Hall,
Mirta Quintanales, Heather Rosario Sievert, and Kathleen Weaver*

Wayne State University Press
Detroit

07 06 05 04 03   5 4 3 2 1

Library of Congress Cataloging-in-Publication Data

Morejâon, Nancy, 1944–
   Looking within : selected poems, 1954–2000 = Mirar adentro : poemas
escogidos, 1954–2000 / Nancy Morejâon ; edited and with an introduction
by Juanamarâia Cordones-Cook.—Bilingual ed.
      p. cm.
   ISBN 0-8143-3037-1 (cloth) — ISBN 0-8143-3038-X (paperback)
   1. Morejâon, Nancy, 1944– —Translations into English. I. Title: Mirar
adentro. II. Cordones-Cook, Juanamarâia. III. Title.
   PQ7390.M68 A25 2003
   861'.64—dc21

                              2002004802

∞ The paper used in this publication meets the minimum requirements of the
American National Standard for Information Sciences—Permanence of Paper
for Printed Library Materials, ANSI Z39.48-1984.

In memory of Heather Rosario Sievert,
whose flame is still lighting.

A la memoria de Heather Rosario Sievert,
cuya luz nos ilumina todavía.

Contents

La claridad / Clarity

I

II

Alfombra / Carpet

I

Prológo

Mirar adentro es una antología de la poesía de Nancy Morejón escrita entre 1954 y el 2000. Desde 1993, nos hemos venido reuniendo periódicamente con Morejón para trabajar en este proyecto. En la primavera y el otoño de 1999 y en abril del 2001 nos concentramos a trabajar juntas varias semanas a la vez para revisar toda su poesía y las traducciones que habían sido realizadas por un excelente grupo de profesionales. En el proceso, corregimos muchos de los poemas previamente publicados en español. Por lo tanto toda diferencia que los lectores encuentren en algunos de ellos en relación a la publicación original respecto a lenguaje, estructura o puntuación ha sido realizada y autorizada por la autora.

La selección de poemas fue hecha teniendo en cuenta los diferentes temas y estrategias poéticas inscritos por Morejón en sus textos. Elegimos poemas de diez de sus doce colecciones de poesía. Muchos de ellos ya habían sido aclamados en otros idiomas, mientras otros son relativamente menos conocidos y algunos están inéditos. Cada texto representa muchos otros que merecen ser incluidos en una colección más comprensiva. El orden de los poemas no obedece a un criterio cronológico, sino que más bien responde a un ritmo temático ondulante.

Esta selección panorámica tiene como propósito principal presentar a los lectores de Nancy Morejón una antología bilingüe de una gama más amplia y puesta al día de su poesía.

Con profundo y sincero agradecimiento, deseo reconocer a las personas cuyo generoso apoyo y aliento han sido cruciales para el desarrollo y publicación de este volumen. Principalmente me refiero a Nancy Morejón, quien con gentileza y generosidad me proporcionara su producción poética y compartiera sus experiencias y contextos personales. La poeta prestó su invalorable dedicación a este proyecto. Juntas

Preface

Looking Within is an anthology of Nancy Morejón's poetry written between 1954 and 2000. Since 1993, we met periodically in order to develop this project. In the spring and fall of 1999 and April and May of 2001 we concentrated on working together for several weeks at a time in reviewing all of her poetry and the translations that had been done by an excellent and dedicated group of professionals. Many poems that had been published previously were amended. Therefore, differences from past published versions in terms of language, structure, or punctuation have been approved by the author.

The selection of poems was made keeping in mind the various themes and poetic strategies inscribed in Morejón's work. We chose poems from ten of her twelve volumes of poetry. Many of these have already been acclaimed in several languages, whereas others are relatively less known and some yet to be published. Each is representative of many other poems that deserve inclusion in a more comprehensive collection. The order in which we placed the poems does not reflect a chronological criterion, but rather follows an undulating thematic rhythm.

This panoramic and highly selective anthology has a primary purpose: to present to Nancy Morejón's readership an enhanced, broader, and updated spectrum of her poetry in a bilingual edition.

With sincere and profound thanks, I would like to acknowledge the people whose work and thoughtful support and encouragement have been crucial to the development and publication of this volume. Foremost Nancy Morejón, who kindly and generously contributed her poetic production and shared many of her insights and experiences. Morejón provided unwavering dedication, enthusiasm, and good spirit to this project, and together we labored over the selection and

realizamos la selección y revisión de su poesía y traducciones, todo lo cual constituyó una formidable experiencia humana e intelectual.

Mucho debemos a todos los traductores—Gabriel Abudu, David Frye, Nancy Abraham Hall, Mirtha Quintanales, Heather Rosario Sievert y Kathleen Weaver—quienes generosa y lealmente nos prestaron su notable destreza en las dos lenguas.[1] Asimismo debemos gratitud a Sally Foster y Gregory Foster por su colaboración en la revisión del manuscrito.

La biblioteca Ellis de la Universidad de Missouri–Columbia merece reconocimiento por apoyarnos con sus recursos bibliográficos. Extendemos nuestro agradecimiento a Marvin A. Lewis por proporcionarnos el apoyo administrativo del Departamento de Lenguas y Literaturas Romances de la Universidad de Missouri–Columbia durante la primera etapa del proyecto, así como a Mary Harris por mecanografiar la versión española de las poesías de Morejón.

Nuestro reconocimiento ha de llegar a Joy Renjilian-Burgy por su asistencia en la etapa inicial de este trabajo y a Adelaida de Juan por información proporcionada en la última etapa del trabajo, así como también a Osvaldo Sabino, Ana María Cordones de Baker y Adriana Cordones por su apoyo y aliento indeclinables.

Deseo expresar mi profundo agradecimiento a Angélique, Christopher, Nicholas y Alexander por tolerar la dedicación al trabajo de investigación de su madre sin nunca dejar de responder con comprensión y cariño, y, por supuesto, a Michael L. Cook por los muchos años de sostenido aliento y apoyo que han hecho posible la realización completa de este trabajo.

Nuestro reconocimiento ha de llegar a las Ediciones El Puente de La Habana, Cuba, que publicara los dos primeros volúmenes de poesía de Nancy Morejón, *Mutismos* (1962) y *Amor, ciudad atribuida* (1964). Varios de esos poemas están incluidos en esta antología.

Extiendo mi gratitud a Kathleen Weaver por permitir la reimpresión de algunas de sus traducciones de *Where the Island Sleeps like a Wing* (The Black Scholar Press, 1985). Con autorización de Weaver, mínimas correcciones de algunas de esas traducciones han sido incluidas en esta antología.

Por último deseo agradecer el permiso para la reimpresión parcial de los siguientes poemarios: *Baladas para un sueño* (Unión, Colección Ciclos, 1991); *Elogio y paisaje* (Ediciones Unión, 1997); *La quinta de*

revision of her poetry and translations. It was a tremendous human and intellectual experience.

We owe much to all the translators—Gabriel Abudu, David Frye, Nancy Abraham Hall, Mirtha Quintanales, Heather Rosario Sievert, and Kathleen Weaver—who generously and unfailingly provided their remarkable professional skills in both languages.[1] Additionally, a debt of gratitude is owed to Sally Foster and Gregory Foster for their assistance in reviewing this manuscript.

The Ellis Library at the University of Missouri–Columbia deserves acknowledgment for its support in making its resources available. Thanks are due to Marvin A. Lewis for providing administrative support from the Department of Romance Languages and Literatures at the University of Missouri–Columbia during the initial stage of the process, as well as to Mary Harris for typing the Spanish version of Morejón's poetry.

We extend our recognition to Joy Renjilian-Burgy for her assistance in the initial stage of this project and to Adelaida de Juan for her cooperation in the final stage of the manuscript. We are also indebted to Osvaldo Sabino, Ana María Cordones-Baker, and Adriana Cordones for their loyal support and encouragement.

I want to express my heartfelt thanks to Angélique, Christopher, Nicholas, and Alexander for enduring a dedicated scholar mother without ever failing to return understanding and love, and, of course, to Michael L. Cook for the years of sustained loving encouragement and support that made this work possible.

We offer acknowledgment to Ediciones El Puente from Havana, Cuba, which published the first two volumes of poetry by Nancy Morejón, *Mutismos* (1962) and *Amor, ciudad atribuida* (1964). Several of those poems are included in this anthology.

Gratitude is extended to Kathleen Weaver for her permission to reprint some of her work from *Where the Island Sleeps like a Wing* (The Black Scholar Press, 1985). Minor changes to some of those translations are present in this anthology.

Finally, grateful acknowledgment is offered for permission to partially reprint from the following: *Baladas para un sueño* (Unión, Colección Ciclos, 1991); *Elogio y paisaje* (Ediciones Unión, 1997); *La quinta de los molinos* (Editorial Letras Cubanas, 2000); *Octubre imprescindible* (Ediciones Unión, 1982); *Parajes de una época*

los molinos (Editorial Letras Cubanas, 2000); *Octubre imprescindible* (Ediciones Unión, 1982); *Parajes de una época* (Editorial Letras Cubanas, 1979); *Piedra pulida* (Editorial Letras Cubanas, 1986); y *Richard trajo su flauta y otros argumentos* (Unión, Colección Cuadernos, 1967).

Nota

Lamentamos comunicar que Heather Rosario Sievert, leal e infatigable colaboradora, acaba de fallecer. Fue la primera estudiosa y traductora de la obra de Nancy Morejón.

(Editorial Letras Cubanas, 1979); *Piedra pulida* (Editorial Letras Cubanas, 1986); and *Richard trajo su flauta y otros argumentos* (Unión, Colección Cuadernos, 1967).

Note

We regret to announce that Heather Rosario Sievert, loyal friend and collaborator and the first scholar to study and translate Morejón's poetry, recently passed away.

Introducción: Nancy Morejón

Reconocida ensayista, crítica, editora, periodista y traductora, Nancy Morejón (1944) es celebrada principalmente como una de las más notables poetas cubanas surgidas después de la Revolución. Prolífica escritora, a los nueve años ya había comenzado su creación lírica sin ser consciente aún de que escribía poesía. Algunos de esos poemas habían de formar parte de su primer libro, *Mutismos* (1962), y, ya entonces, ponían de manifiesto una sutileza y capacidad para la abstracción y la autoconsciencia poética que más tarde configurarían elementos claves de su obra.[1] A *Mutismos* sucedieron doce poemarios, tres monografías, una pieza de teatro, cuatro volúmenes de estudios críticos sobre historia y literatura cubana y caribeña e innumerables poemas y artículos que han aparecido en antologías, revistas literarias y prensa escrita.

Las ediciones de sus libros se han agotado rápidamente, lo cual, sumado a la escasez de papel en Cuba y a la consiguiente crisis editorial, ha dificultado la difusión de su producción. La crisis editorial cubana ha propiciado la aparición de alternativas editoriales, siendo la más notable Ediciones Vigía, en Matanzas, que ha editado tres libros de Nancy Morejón, con ediciones artesanales muy originales y de alto valor estético, pero de escaso tiraje.[2] Su obra, traducida a más de diez idiomas con varias antologías en español y otras bilingües, en francés y en inglés, se ha difundido en los Estados Unidos principalmente gracias a las varias reimpresiones de la antología bilingüe de Kathleen Weaver, *Where the Island Sleeps like a Wing* (1985).

Desde su primera visita a los Estados Unidos a fines de los años setenta, Morejón ha regresado frecuentemente invitada por diferentes instituciones culturales, tales como el Smithsonian Institution y la Feria Inter-Americana del Libro de San Antonio, además de

Introduction: Nancy Morejón

A celebrated essayist, critic, editor, journalist, and translator, Nancy Morejón (1944) is renowned principally as one of the most distinguished women poets of Cuba to have emerged after the Revolution. A prolific writer, she had already begun her lyrical creation at the age of nine without quite realizing that she was writing poetry. Some of these poems would become part of her first book, *Mutismos* (1962).[1] By then they revealed a subtlety and a capacity for abstraction and poetic self-consciousness that would later become key elements of her poetry. *Mutismos* was followed by twelve collections of poems, three monographs, a play, and four volumes of critical studies on Cuban and Caribbean history and literature, as well as numerous poems and articles that have appeared in anthologies, literary journals, and mass media.

Editions of her books have quickly gone out of print, which, exacerbated by the shortage of paper in Cuba and the resulting publishing crisis, has hampered the dissemination of her written work. The publishing crisis in Cuba has led to the appearance of alternative publishing houses; the most notable, Ediciones Vigía in Matanzas, has published three of Nancy Morejón's books in extremely original handcrafted editions with high aesthetic value but low print runs.[2] Her work, translated into more than ten languages with several anthologies in Spanish and bilingual editions in English and French, has received widespread attention in the United States, principally through Kathleen Weaver's bilingual anthology *Where the Island Sleeps like a Wing* (1985).

Since her first visit to the United States at the end of the 1970s, Morejón has frequently returned at the invitation of different cultural institutions such as the Smithsonian Institute and the San Antonio Inter-American Book Fair, in addition to numerous university centers,

numerosos recintos universitarios, incluyendo la Universidad de California–Berkeley, la Universidad de Missouri, Yale, Columbia, Wellesley College y el Salón de Lectura de Poesía de Harvard. Ha sido galardonada por distinguidos jurados a partir de *Richard trajo su flauta y otros argumentos* (1967), y su fama ha cruzado fronteras nacionales, culturales e ideológicas alcanzando todas las Américas, Europa y África. Sin lugar a dudas, Nancy Morejón es una de las poetas latino-americanas que, en los últimos años, ha venido ganando mayor reconocimiento académico en este país.

Morejón ha cultivado otros géneros, la traducción, el ensayo, la crítica y el periodismo, con lo cual ha podido dar expresión a temas no abordados en su poesía.[3] Egresada *magna cum laude* en una licenciatura en Lengua y Literatura Francesas de la Universidad de La Habana, ha traducido a autores de la talla de Arthur Rimbaud, Paul Elouard, Aimé Césaire, Jacques Roumain, René Depestre, Paul Laraque, Ernest Pepin y Édouard Glissant, entre otros. En cuanto a su labor crítica, los volúmenes *Recopilación de textos sobre Nicolás Guillén* (1974) y *Nación y mestizaje en Nicolás Guillén* (1982) se han convertido en clásicos de la crítica sobre este autor y han marcado pautas en este dominio. Asimismo, el interés académico de Morejón abarca la escritura del Caribe incluyendo indagaciones que, en su mayoría, han sido recopiladas en *Fundación de la imagen* (1988).

Nunca ajena a las expresiones artísticas de vanguardia, ha estado involucrada y ha participado en el mundo de las artes tanto populares como de la alta cultura. Ha colaborado con pintores, escultores, artesanos, bailarines, dramaturgos, actores, músicos y cantantes, en espectáculos que frecuentemente han servido de marco para la lectura de su poesía.[4] Estos intereses se hacen claramente presentes en su labor literaria, especialmente en los volúmenes *Richard trajo su flauta y otros argumentos, Elogio de la danza* (1982) y *Paisaje célebre* (1993), donde poetiza múltiples percepciones y alcances de las artes plásticas y las performativas, es decir, la música y la danza.[5]

Algunos de sus poemas han trascendido el género literario y han sido dramatizados en recitales con mimos por la propia Morejón, como "Cotorra que atraviesa Manrique," en el cual celebra un curioso episodio callejero. Incluso, en la Cuba de los años sesenta, alcanzaron celebridad poemas suyos cantados, como es el caso de "Te amo," musicalizado por Marta Valdés.[6]

including the University of California–Berkeley, the University of Missouri, Yale, Wellesley College, Columbia University, and the Harvard Poetry Readers Circle. Distinguished panels have awarded her prizes starting with *Richard trajo su flauta y otros argumentos* (1967), and her fame has crossed national, cultural, and ideological boundaries, reaching all the Americas, Europe, and Africa. Without a doubt Nancy Morejón is one of the Latin American women poets who has been receiving increasing academic attention in this country in recent years.

Morejón has cultivated other genres—translation, essay, criticism, and journalism—through which she has been able to give expression to topics not covered in her poetry.[3] A *magna cum laude* graduate in French language and literature from the University of Havana, she has translated authors of such standing as Arthur Rimbaud, Paul Elouard, Aimé Césaire, Jacques Roumain, René Depestre, Paul Laraque, Ernest Pépin, and Édouard Glissant, among others. With regard to her work as a critic, her books *Recopilación de textos sobre Nicolás Guillén* (1974) and *Nación y mestizaje en Nicolás Guillén* (1982) have become classics of the criticism on this author. In addition, Morejón's academic interests cover Caribbean writing, and most of her research in this area has been compiled in *Fundación de la imagen* (1988).

Never distant from the vanguard of artistic expression, she has been involved in and participated in the world of popular art as well as fine art. She has collaborated with painters, sculptors, artisans, dancers, playwrights, actors, musicians, and singers in productions that have served as frameworks for the reading of her poetry.[4] These interests are clearly present in her literary works, especially in her collections *Richard trajo su flauta y otros argumentos*, *Elogio de la danza* (1982), and *Paisaje célebre* (1993), where she poeticizes the multiple perceptions and ranges of plastic and performing arts—that is, music and dance.[5]

Some of her poems have transcended literary genre and have been dramatized in mime recitals by Morejón herself. Such is the case with the poem "Parrot Crossing Manrique Street," where she celebrates a curious street episode. In Cuba during the 1970s, some of her poems even attained fame as song lyrics; an example is "I Love You," which was put to music by composer Marta Valdés.[6]

cuando
te amo
no conozco paredes ni trastes solamente comienzo a poseer
mentiras y verdades tú me surges de todo y esa hora completa
en que escoges al viento
nace para cada rasgo triste de mi rostro si ese tiempo
padece como una línea abierta quisiera batallarle para los que
no quieran mirar a nuestros lechos les ofrezco esta voz
te amo

("Te amo," *Amor ciudad atribuida*, 17–24)

Al no llevar inscritas las limitaciones de la puntuación, este poema se presenta abierto y expuesto a múltiples lecturas. En su recepción personal, la compositora Marta Valdés, desde su repertorio de experiencias musicales, descubrió que las claves de esa poesía estaban en la musicalidad del lenguaje que fluía como si todo hubiera sido creado para ser cantado (312–14). Al musicalizarlo, Marta Valdés le fue agregando una puntuación de acuerdo a su propia inteligencia del texto y a los ritmos que ella percibía.[7]

En su vocación y dedicación a todas las artes, Nancy Morejón ha colaborado con la Unión de Escritores y Artistas de Cuba, el Fondo de Bienes Culturales, la Fundación Pablo Milanés y el Teatro Nacional de Cuba. En Casa de las Américas, epicentro de la *intelligentsia* cubana y latinoamericana, Morejón, además de ser directora del Centro de Estudios del Caribe durante siete años, ha publicado su obra poética y ensayística, y organizado y dirigido seminarios, coloquios y conferencias. En la actualidad, desde mayo del 2000, Morejón ha regresado al ámbito de la Casa de las Américas para dirigir nuevamente su Centro de Estudios del Caribe.

Con profundos vínculos personales y profesionales con el mundo del teatro, ha trabajado muy de cerca con dramaturgos y actores de la talla de Rolando Ferrer, Roberto Blanco, Vicente Revuelta, Sara Larocca, Luis Brunet, Eugenio Hernández Espinosa y Gerardo Fulleda León, director de la Compañía Rita Montaner. Por otra parte, la dramaturgia es un ingrediente presente en su creación ya sea en su poesía dramática ("Suite recobrada" por ejemplo) o en las piezas dramático-poéticas que ha escrito, de las cuales sólo ha publicado *Pierrot y la luna*, texto pleno de lirismo que ha potenciado una puesta en escena de alto nivel artístico tal como ha sido concebida por la compañía El Silbo Vulnerado, de Zaragoza, España.[8]

when
I love you
I do not know walls or junk only I begin to possess
lies and truths you come to me from every little thing and that
    whole hour
in which you keep the wind
is born for every sad trait of my image if this time
is suffering like an open line I would like to face those who
do not wish to look at our bed offering them this voice
I love you

"I Love You," *Amor ciudad atribuida*, 17–24

Not limited by punctuation, this poem is open to multiple readings. In her own interpretation, the composer Marta Valdés, working from her repertory of musical experiences, discovered that the key to this poetry lay in the musicality of the language, which flowed as if it had been created to be sung (312–14). Upon putting this poem to music, Valdés added punctuation following her own understanding of the poem and the rhythms that she perceived in it.[7]

In her vocation and dedication to all the arts, Nancy Morejón has collaborated with the Cuban Union of Writers and Artists, the Cultural Heritage Foundation, the Pablo Milanés Foundation, and the National Theater of Cuba. At the Casa de las Américas, epicenter of the Cuban and Latin American *intelligentsia*, Morejón worked as director of the Caribbean Studies Center for seven years, published her poems and essays, and also organized and directed seminars, colloquia, and conferences. Presently, since May 2000, Morejón has returned to Casa de las Américas to direct its Caribbean Studies Center once more.

With deep personal and professional ties to the world of theater, she has worked closely with playwrights and actors of such standing as Rolando Ferrer, Roberto Blanco, Vicente Revuelta, Sara Larocca, Luis Brunet, Eugenio Hernández Espinosa, and Gerardo Fulleda León, director of the Rita Montaner Theater Company. In addition, dramatic art is an ingredient in her creation, whether in her dramatic poetry ("Recovered Suite," for example) or in the dramatic-poetic works she has written. Of these plays she has published only *Pierrot y la luna*, a text full of lyricism that allows for a high level of artistic staging, such as has been conceived by the group El Silbo Vulnerado from Saragossa, Spain.[8]

Asimismo, la creación artística de Morejón ha alcanzado la plástica. Hace unos años, comenzó a dibujar unos Pierrots que se aproximan al estilo de García Lorca. Ha continuado cultivando esta veta artística en varios de sus dibujos, sutiles y lúdicos, con ecos de Joan Miró y Paul Klee, que aparecieron recientemente en *Singular like a Bird: The Art of Nancy Morejón* (1999), editado por Miriam DeCosta-Willis.

Raíces

Nacida en Los Sitios, barrio del centro de La Habana, el 7 de agosto de 1944, Nancy Morejón es un ser cuya trayectoria y vida en general ha escapado a todos los moldes. Desde que llegó a este mundo en un casi milagroso nacimiento, ha roto todos los esquemas previstos. Ella interpreta las circunstancias inusitadas de su nacimiento como símbolo premonitorio de las experiencias de lo original que, colmadas de aconteceres no codificados y sin posibles explicaciones, han signado tanto su vida como su creación (Cordones-Cook 1996, 60).

Nancy Morejón creció en un medio humilde y a la vez lleno de amor y rico en experiencias humanas, educacionales y culturales que se constituirían más tarde en estímulo y material referencial de su poesía. Sus padres fueron los forjadores de su temperamento y de su espíritu (Cordones-Cook 1999). Su madre, Angélica Hernández, criada en un orfelinato, llegó a trabajar como despalilladora de tabaco y modista para luego dedicarse a ser ama de casa cuando nació Nancy. Madre devota y de firme carácter, con escasísimos recursos, educó a su hija inculcándole profundos y enaltecedores valores humanos y ansias de independencia que la han definido indeleblemente. Esta relación temprana con su madre ha constituido un vínculo fundamental en el desarrollo emocional, intelectual y social de la poeta, quien, como Virginia Woolf, cree firmemente que "detrás de cada escritora aletea el fantasma de su madre" (Morejón, "Las poéticas . . . " 7). Tanto en conversaciones personales como en entrevistas publicadas, en conferencias y en su poesía, la imagen de su madre surge recurrentemente—nutricia, plena de afectividad, en medio de sus dificultades, carencias y sacrificios, celebrada y glorificada en su dimensión humana, con una capacidad ejemplar para la supervivencia, para el total sacrificio y el amor por su única hija. Esa relación de sostenida e intensa filiación resulta esencial en la cartografía

In addition, Morejón's artistic creation has extended into the plastic arts. A few years ago, she started drawing some clowns in a style reminiscent of García Lorca's. She has continued cultivating this artistic streak, and several of her drawings, subtle and whimsical, with echoes of Joan Miró and Paul Klee, recently appeared in *Singular like a Bird: The Art of Nancy Morejón* (1999), edited by Miriam DeCosta-Willis.

Roots

Born in the Los Sitios district of Central Havana on August 7, 1944, Nancy Morejón is a person whose trajectory and life in general have defied the norm. Ever since she arrived into this world in an almost miraculous birth, she has broken all predicted patterns. She explains the unusual circumstances of her birth as a foreshadowing symbol of her experiences of originality that, filled with uncodified events and without possible explanations, have marked her life as well as her creations (Cordones-Cook 1996, 60).

Nancy Morejón grew up in a humble environment that was full of love and rich in human, educational, and cultural experiences that would later become the stimulus and source for her poetry. Her parents forged her temperament and her spirit (Cordones-Cook 1999). Her mother, Angélica Hernández, raised in an orphanage, became a tobacco worker and a dressmaker, then dedicated herself to being a housewife when Nancy was born. A devoted mother with a steady character and very limited resources, Angélica raised her daughter to have profound and ennobling human values and the burning desire for independence that have indelibly defined Nancy. This early relationship with the mother has been a fundamental bond in the emotional, intellectual, and social development of the poet, who, like Virginia Woolf, believes strongly that "behind every woman writer flutters the ghost of her mother" (Morejón, "Las poéticas . . ." 7). In personal conversations as well as published interviews, in conferences and in her poetry, the image of her mother emerges recurrently, nurturing and full of affection in the midst of her scarce resources, difficulties, and sacrifices. She is celebrated and glorified in her human dimension, with an extraordinary capacity for survival, for total sacrifice and the love for her only child. This sustained and intense bond turns out to be essential in Nancy Morejón's subjective cartography,

subjetiva de Nancy Morejón, pues encarna la matriz bajo cuya sombra y protección se ha desarrollado, así como también el símbolo de su autoidentificación y autodefinición. Con una lealtad que le es característica, Morejón le rindió a su madre casi un reverente culto de amor, solidaridad y respeto hasta los últimos instantes de su vida. "Madre" es el poema con que Morejón siempre inicia las lecturas de su poesía y que, además, leyera en el funeral de Angélica Hernández, el 16 de febrero de 1997.

> Mi madre no tuvo jardín
> sino islas acantiladas
> flotando, bajo el sol,
> en sus corales delicados.
> No hubo una rama limpia
> en su pupila sino muchos garrotes.
> Qué tiempo aquel cuando corría, descalza,
> sobre la cal de los orfelinatos
> y no sabía reír
> y no podía siquiera mirar el horizonte.
> Ella no tuvo el aposento de marfil,
> ni la sala de mimbre,
> ni el vitral silencioso del trópico.
> Mi madre tuvo el canto y el pañuelo
> para acunar la fe de mis entrañas,
> para alzar su cabeza de reina desoída
> y dejarnos sus manos, como piedras preciosas,
> frente a los restos fríos del enemigo.
>
>   ("Madre," *Piedra pulida*)

Con mesurada contención y sin sentimentalismos, mas plena de emoción y sentido reconocimiento, Morejón nos presenta a su madre privada materialmente de aquello que el hombre ha creado y llamado civilización: jardines,[9] vitrales, aposentos de marfil. Mujer que, con sus pupilas marcadas con garrotes, va cargando con todo un legado de esclavitud, a la vez que encarna una fuerza creativa, de afirmación de poder, de identidad y fortaleza de carácter y conserva la dignidad, el refinamiento, la creatividad y el poder de reina de una naturaleza paradisíaca con islas flotantes bajo el sol. La construcción poética de su madre, mito de madre primigenia, dadora de vida, le otorga coherencia cultural a la autora, a la vez que se proyecta sobre su

for it represents the matrix under whose shade and protection she has developed. It is also a symbol of her self-identification and her self-definition. With a characteristic loyalty, Morejón revered her mother, giving her something approaching a cult of love, solidarity, and respect until the last moments of her life. "Mother" is the poem with which Morejón always begins readings of her poetry, and it is the poem she read at the funeral of Angélica Hernández on February 16, 1997.

My mother had no garden
but rather steep islands
floating, beneath the sun,
on their delicate corals.
She had no clean branch
in her eye but many garrotes.
What a time that was when she ran, barefoot,
on the limestone of the orphanages
and she did not know how to laugh
and she could not even gaze at the horizon.
She had no ivory chamber,
nor a wicker parlor,
nor the silent stained glass of the tropics.
My mother had the song and the handkerchief
to cradle my heart's faith
to lift her head of a queen, ignored,
and to leave us her hands, like precious stones,
before the cold remains of the enemy.

"Mother," *Piedra pulida*
(Trans. Heather Rosario Sievert)

With measured restraint and without sentimentality, yet full of emotion and heartfelt acknowledgment, Morejón presents her mother as deprived materially of what mankind has created and called civilization: ivory-laden rooms, stained-glass windows, and gardens.[9] She is a woman who, with her pupils scarred by garrotes, is carrying a whole legacy of slavery. At the same time she embodies a creative force of affirmation of power, identity, and fortitude of character and conserves the dignity, refinement, creativity, and power of a queen from a heavenly place with islands floating under the sun. The poetic construction of the mother, myth of the original mother and giver of life, confers cultural coherence to the author as it projects itself on her

comunidad encarnando líricamente una síntesis de historia e identidad colectiva.

El padre de Nancy, Felipe Morejón, a pesar de una infancia muy difícil e ingrata, era un individuo sumamente abierto, quien enseñó a su hija un profundo sentido de dignidad y orgullo de su condición racial (Morejón, "Las poéticas . . . " 7). Su presencia es frecuente en las conversaciones de la poeta, aunque no lo es tanto en su poesía. En "Restos del *Coral Island*," Morejón, al ver la chatarra de un barco encallado, evoca un pasado lejano y perfila la figura de Felipe Morejón que, en retrospectiva, la propia poeta interpreta como prefiguración de la muerte que le llegaría a su padre meses después.

De joven, Felipe Morejón había sido marino mercante, "peregrino occidental impenitente," ocupación que lo había llevado a residir por largas temporadas en los Estados Unidos, pero que, una vez nacida su única hija, abandonó para ser estibador de los muelles habaneros. Había experimentado y gozado de la Nueva Orleans de Louis Armstrong, recogiendo de ese período una vasta cultura jazzística que luego pudo compartir con su hija (Valdés 311–20). Morejón, como muchos poetas de su generación, asimiló una profunda apreciación por el jazz y por el *feeling* que luego formaría parte integral de su creación poética, en especial en "Conversando con filin," la segunda parte de *Richard trajo su flauta y otros argumentos*. Por otra parte, es con su padre con quien se habían de originar en la poeta su interés y sus vínculos con los Estados Unidos.

Morejón poetiza su hogar, espacio donde aprendió a amar, a sufrir, a vivir, y, en su epicentro, ubica a su madre rodeada de sus familiares. En "La cena," la trémula voz poética, con profunda unción y gozo, describe el momento en que los miembros de su familia se reúnen a la hora de cenar y, emocionados, se acercan a la mesa dispuestos a recibir y compartir el pan cortado por su madre, sacerdotisa del ritual de comunión de los seres amados de ese mundo, origen y destino, meridiano de vida que guía los andares de Nancy Morejón.

> ha llegado el tío juan con su sombrero opaco
> . . . .
> yo entro de nuevo a la familia
> . . . .
> papá llega más tarde
> . . . .

community, lyrically embodying a synthesis of history and collective identity.

Nancy's father, Felipe Morejón, in spite of a very difficult and unrewarding childhood, was an extremely open individual who taught his daughter a deep sense of dignity and pride in her racial condition (Morejón, "Las poéticas . . . " 7). He is frequently present in the poet's conversations, though less so in her poetry. In "Remains of the *Coral Island*," Morejón, upon seeing the remains of a ship that ran aground, evokes a distant past and profiles the figure of Felipe Morejón. In retrospect, the poet interprets this as a premonition of her father's death months later.

As a young man, Felipe Morejón had been a merchant marine, a "restless western pilgrim," an occupation that had led him to reside for long periods in the United States. Once his daughter was born he left this occupation to work as a stevedore in the Havana docks. He had experienced and enjoyed Louis Armstrong's New Orleans, gathering from that time a vast jazz culture that he would share with his daughter (Valdés 311–20). Morejón, like many poets of her generation, acquired a deep appreciation for jazz and for the feeling that would later become an integral part of her poetic creation, especially in "Conversando con filin," the second part of *Richard trajo su flauta y otros argumentos*. In addition, it was through her father that her interest in and connections with the United States originated.

Morejón poeticizes her home, the space where she learned to love, to suffer, and to live, and at its very center she places her mother, surrounded by loved ones. In "Supper," the trembling poetic voice, with deep emotion and joy, describes the moment when the members of the family come together at dinner time. Filled with excitement, they approach the table ready to receive and to share the bread that has been broken by the mother, high priestess of a communion ritual of the loved ones of that world, origin and destiny, the center of life that guides Nancy Morejón's footsteps.

> here comes uncle juan in his dark hat
> . . . .
> I enter the family again
> . . . .
> papa comes in later on
> . . . .

ahora
vamos todos temblorosos y amables
a la mesa
nos miramos más tarde
permanecemos en silencio
reconocemos que un intrépido astro
    desprende
de las servilletas de las tazas de los cucharones
    del olor a cebolla
de todo ese mirar atento y triste de mi madre
que rompe el pan inaugurando la noche
        ("La cena," *Richard trajo su flauta . . . ,*
                    1, 13, 27–37)

Colección tras colección de poemas llama la atención—ya sea en el cuerpo de los textos de Morejón o en sus epígrafes—la presencia constante de seres que han marcado su experiencia personal, intelectual, social, ideológica o estética. Al circular por su poesía, tales personalidades van erigiéndose en indicadores textuales de un momento histórico y de un mundo que la poeta desea nombrar, representar y asir. Mediante su poesía, Morejón busca resistir el fluir del tiempo y el inevitable olvido construyendo memoria para retener, sustantivar y perpetuar lo transitorio y efímero de su mundo y experiencia personal.

    Como lo manifestara ella misma, siempre ha querido saber de donde vino, pero, como a otros descendientes de africanos, le es imposible reconstruir su árbol genealógico, motivo por el cual le pone especial atención a sus abuelas, a quienes nunca conoció y a quienes considera víctimas y abusadas (Cordones-Cook 1996 y 1999). Proyectando una consciencia claramente matrilineal que establece filiación y afiliación, su poesía va en pos de sus ancestros femeninos, quienes aparecen como elemento fundamental de identificación, desarrollo y recuperación no sólo de una memoria personal sino de una genealogía colectiva. Nancy Morejón presenta las figuras familiares legendarias de sus abuelas, quienes se constituyen en hitos y símbolos de su propia hibridez biológica y cultural, condición poscolonial que potencia una resistencia desde cuyo centro opera la diferencia cultural. La abuela paterna, con su piel morena, "voraz . . . cañón carbón descuartizado carne / hulla lastimosa," encarna el

now
let's all go trembling and friendly
to the table
we look at each other later
we sit in silence
we see that a fearless star
    detaches itself
from the napkins from the cups from the ladles
    from the smell of onion
from all the attentive sad watchfulness of my mother
breaking bread inaugurating the evening.

        ("Supper," *Richard trajo su flauta . . . ,*
            1, 13, 27–37)
          (Trans. David Frye)

Whether within the body of Morejón's texts or in her epigraphs, collection after collection of poems calls attention to the constant presence of individuals who have touched the poet's personal, intellectual, social, ideological, and esthetic experience. By appearing in her poetry, these personalities stand out as textual indicators of a historic moment and a world that the poet wishes to name, represent, and grasp. Through her poetry, Morejón seeks to resist the passage of time and the inevitability of oblivion, constructing memory in order to retain, concretize, and perpetuate the transitory and the ephemeral of her world and her personal experience.

As she herself has indicated, she has always wanted to know where she came from, but it is impossible for her, like other descendants of Africans, to reconstruct her family tree. For this reason, she pays particular attention to her grandmothers, whom she never met, and whom she considers victimized and abused (Cordones-Cook, 1996 and 1999). Projecting a clearly matrilineal consciousness that establishes connection and filiation, her poetry searches for her female ancestors, who become a fundamental element of identification, development, and recovery, not only of a personal memory but of a collective genealogy. Nancy Morejón presents the familiar legendary figures of her grandmothers. The paternal grandmother, with her dark skin, "voracious . . . cannon charcoal quartered flesh / pitiful soft coal," embodies the suffering and destruction of a victimized people, while "grain of sand a volcano divine quartz" represents the power and resistance of the African ancestors ("Brígida Noyola, *Presente*"). For her part, the

sufrimiento, a la vez que "grano y volcán / cuarzo divino," representa el poder y la resistencia del pueblo cubano ("Presente Brígida Noyola"). Mientras que, por su parte, la abuela materna de ojos claros es "más ligera" y canta en la noche con trovadores y guitarras representando el solaz privilegiado de los ancestros europeos ("Presente Ángela Domínguez").

La ciudad: Los Sitios

En el barrio Los Sitios de La Habana, en la intersección de las calles Peñalver y Manrique, mundo poblado de gente humilde, trabajadora que día a día recorre los caminos de su cultura ancestral, Morejón nació y vivió con su familia y creó su obra hasta mediados de la década de los ochenta (Valdés 315). Este contexto humano y cultural le brindó siempre una cotidianeidad plena de conversaciones, de sonoridades, donde "todo suena, todo se mueve, todo tiene una textura particular" (Cordones-Cook 1999). Según Morejón, en "Gestos y voces de Los Sitios," se trata de un espacio de encuentro de incesantes olas migratorias, culturales y étnicas de esta urbe caribeña. Es esta zona de contacto intercultural donde la poeta, desde muy temprano en su vida, se regodeaba en un constante y lúdico dialogismo cultural, sumergiéndose en toda una tradición de cultura popular—coros de clave habaneros, música ambulante, rumbas de cajón—que habría de penetrar todos sus sentidos.[10] Morejón se deleitaba "oyendo a los negros viejos, a los ñáñigos yerberos de la plazoleta de San Nicolás, a las caseras, a las comadritas," mundo que, con el ritmo fascinante de las comparsas, formaría parte integral de las cadencias interiores de su poesía (Cordones-Cook 1996, 62). Allí absorbió y asimiló la cultura afrocubana llegando a consustanciarse con la esencia viva de su Habana. La ciudad, su barrio, con sus gentes, constituye parte de su cosmos, de una mitología personal donde se fue perfilando su historia espiritual y física a la vez que se iban forjando las claves definitorias de su identidad polifacética y, ¿por qué no decirlo?, híbrida, tanto biológica y cultural como literariamente.

Con amor y en imágenes concretas y sensuales, a veces, Morejón representa metafóricamente la ciudad—la cultura popular y sus

maternal grandmother with clear eyes is "a little more lighthearted" and sings in the night with troubadours and guitars, indicative of the privileged comfort of the poet's European ancestors ("Ángela Domínguez, *Presente*"). These grandmothers represent the valuable contributions of her two ethnic sides, and they imprint a blended duality onto the persona of the poet. They become landmarks as well as biological and cultural symbols of hybridity, a postcolonial condition that empowers resistance and from whose center cultural difference functions.

The City: Los Sitios

Nancy Morejón was born, lived with her family, and, until the mid-1980s, created her work in the Los Sitios district of Havana, at the intersection of Peñalver and Manrique Streets, a world populated by humble, hardworking people who day after day relive the ways of their ancestral culture (Valdés 315). This human and cultural context always offered Morejón a daily experience full of conversations and loud noises, where "everything sounds, everything moves, everything has a unique texture" (Cordones-Cook 1999). According to Morejón in "Gestos y voces de Los Sitios," this neighborhood represents a meeting place of the incessant migratory cultural, and ethnic waves of the Caribbean metropolis. This is the area of intercultural contact where the poet, starting very early in her life, reveled in a constant and ludic cultural dialogism, immersing herself in a whole tradition of popular culture—Havana instrumental bands, itinerant musicians, street rumba—that would certainly penetrate all her senses.[10] Morejón enjoyed "listening to the old black men, the *ñáñigo* herbalists of San Nicolás square, the housewives, the neighbors," a world that, with the fascinating rhythm of the street shows, would become an integral part of the internal rhythm of her poetry (Cordones-Cook 1996, 62). There she absorbed and assimilated Afro-Cuban culture until she identified herself with the very essence of her beloved Havana. The city's district and its inhabitants constitute part of her cosmos, a personal mythology where her spiritual and physical history was taking shape. At the same time, the key defining elements of her multiple and hybrid identity were also being forged, biologically, culturally, and literally.

With fondness and sometimes with concrete and sensual images, Morejón metaphorically represents the city—its popular culture and

personajes—a partir su segundo volumen de poesía, *Amor, ciudad atribuida* (1964), en una vertiente inagotable que se continúa hasta su obra más reciente.

> Dentro de los márgenes de las aceras,
> bajo los hábitos de una canción de esquina,
> en el rumor de los pregones de los mundos,
> habita el corazón de la ciudad, teñida de esperanza.
> Un vientecillo oscuro y gentil comprende
> las miradas de los hombres que carpintean, que atraviesan
> las calles y miran los cabellos:
> Los carpinteros trabajan con los cabellos enredados,
> llenos de fuego, y entre sus ojos hay, de nuevo,
> otra vez, la ciudad que apacigua los árboles.
>
> Es ésta la ciudad que por primera vez nos ama
> y que por última vez nos donará el ragalo preciso de sus labios
> y su sonrisa y los pasos de los colegiales que
> declaman al partir a la escuela.
>   ("La ciudad expuesta," *Amor, ciudad atribuida*, 1–14)

Con interés en la cultura popular, en la externalidad y en la ciudad como elementos constitutivos de la identidad nacional y de la suya propia, la poeta crea una lírica al servicio de la sociedad, poesía objetiva con imágenes y detalles precisos del mundo circundante concreto que tiende hacia lo anecdótico. Se trata de una zona de la poesía de Morejón que da expresión al imperio de lo cotidiano, los aconteceres del hogar, de la calle. Llena de giros familiares y con expresiones naturales y conversacionales, la poeta inscribe, en *Richard trajo su flauta y otros argumentos*, un estilo narrativo que representa la circunstancia temporal y espacial a la vez que asume ideales y preocupaciones colectivas y étnicas.

Perfilando diferentes aristas de la cultural popular y de la tradición oral cubana, Morejón ubica a su lector en su cálido entorno personal, su ciudad, su barrio, con sus gentes y sus tertulias familiares. Abraza la realidad cotidiana mediante elementos anecdóticos, prosaicos y concretos con un habla y música popular que apunta hacia un coloquialismo poético. Sin embargo, se trata de un coloquialismo desfamiliarizado que evita los sentimentalismos y los lugares comunes.

its characters—starting with her second collection of poetry, *Amor, ciudad atribuida* (1964), in a never-ending journey that continues through her most recent work.

> Within the edges of the sidewalks,
> beneath the vestments of a corner song,
> in the noise of the hawkers of the worlds,
> lives the heart of the city colored by hope.
> A dark gentle wind understands
> the glances of the men who work the wood, who cross
> the streets and look at their hair
> the carpenters work with their hair netted
> full of fire, and within their eyes, there is again,
> once more, the city which pacifies the trees.
>
> This is the city that for the first time loves us
> and that at last gives us the necessary gift of its lips
> and its smile and the steps of the students
> who shout upon leaving school.
> ("The City Exposed," *Amor, ciudad atribuida*, 1–14)
> (Trans. Heather Rosario Sievert)

With interest in popular culture, the outside world, and the city as essential constituent elements of national identity as well as her own, Morejón creates a poetry that is at the service of society, an objective poetry with precise images and details of the concrete world around her, a poetry that has a tendency to be anecdotal. This is an area of Morejón's poetic work that gives expression to the experience of the quotidian, events at home, in the street. Full of colloquial and conversational expressions, the poet inscribes in *Richard trajo su flauta y otros argumentos* a narrative style that represents her temporal and spatial context, while at the same it takes on collective as well as ethnic ideals and concerns.

Portraying different aspects of popular culture and Cuban oral tradition, Morejón places her reader in her warm personal environment, her city, her neighborhood, with their inhabitants and their family gatherings. She embraces daily reality through anecdotal, prosaic, and concrete elements with a language and popular music that show a poetic colloquialism. However, it is a defamiliarized colloquialism that avoids sentimentalism and commonplace expressions. With

Con una rápida vuelta de tuerca, cambia el ritmo y da lugar a asociaciones inesperadas de corte surrealista, a veces logrando extender las posibilidades metafóricas del lenguage coloquial, a la vez que proyecta significados esenciales.

> En las casas más simples los buenos días son ávidos:
> "—¿cómo va la señora de Pérez? ¿Le fueron bien
> los linimentos? Me alegra que su hijo estudie hoy
> el binomio de Newton, buenos días . . . Había olvidado
> de qué color tienen los ojos las honduras marinas . . .
> señora, la bodega me espera."
>   ("Los buenos días," *Amor, ciudad atribuida*, 8–13)

Revolución

Nancy Morejón surgió y se formó en un momento histórico de grandes conmociones y cambios, momento "de una balumba moral, a la cubana, que con mucho desenfado cantó al encuentro de un mundo sustentado por ideales de legitimidad e independencia" (Cordones-Cook 1996, 70).

Morejón tenía catorce años en el momento del triunfo de la Revolución Cubana de 1959. Pertenece a la segunda generación de poetas nacidos después de 1940 que entraron a existir como tales con la Revolución y que se identificaron con sus ideales.[11]

El impacto de la Revolución se manifestó en todos los niveles: nadie pudo mantenerse ajeno. Desde el primer momento, el estado dio un amplio y desconocido apoyo a artistas y escritores. A esos efectos se alentó y promovió a nivel institucional la vida cultural e intelectual abriéndole las puertas de la cultura, la educación y las letras a toda una humanidad, hasta entonces, excluida. Inmersa en esa atmósfera intelectual y formada bajo esa dimensión ideológica, ética y estética, Nancy Morejón no se sustrajo a la fascinación de la Revolución sino que, como ella misma ha manifestado, no podría explicar ninguno de sus escritos sin la Revolución que los vio nacer (Cordones-Cook 1996, 70). Con profundas convicciones ideológicas, políticas y sociales, aunque sin haber militado nunca como miembro del Partido

a quick stroke of her pen, Morejón changes the rhythm of daily street conversations to give rise to unexpected associations of a surrealist nature, sometimes managing to extend the metaphorical possibilities of colloquial language while projecting essential meanings.

> In the more simple homes the good days are eager:
> "—How is Mrs. Pérez? Did the liniments
> do some good? I am happy that your son is studying today
> Newton's binomial theorem, good day . . . I had forgotten
> what color eyes marine depths do have . . .
> Madam, the store awaits me."
>> ("The Good Days," *Amor, ciudad atribuida*, 8–13)
>> (Trans. Heather Rosario Sievert)

Revolution

Nancy Morejón emerged and developed during a historic moment of great turbulence and changes, a moment she herself describes as "a moral explosion, Cuban style, that with great self-confidence sang to the meeting of a world nourished by ideals of legitimacy and independence" (Cordones-Cook 1996, 70).

Morejón was fourteen years old when the Revolution of 1959 triumphed. She belongs to the second generation of poets born after 1940 who came into prominence with the Revolution and who identified themselves with its ideals.[11]

The impact of the Revolution was felt at all levels: no one could escape it. Right from the start, the State gave considerable and unheard-of support to artists and writers. To that end, cultural and intellectual life at the institutional level was encouraged, opening the doors of culture, education, and the arts to a humanity that up until that time had been excluded. Immersed in that intellectual atmosphere and educated under that ideological, ethical, and aesthetic dimension, Nancy Morejón did not resist the fascination of the Revolution. Rather, as she herself has pointed out, she could never explain her writings without the Revolution that witnessed their birth (Cordones-Cook 1996, 70). With deep ideological, political, and social convictions, but without being an active member of the

Comunista, Morejón se volcó intensamente a la vida intelectual promovida por el nuevo orden.

En esa atmósfera cultural que proponía e imponía una serie de expresiones, de esquemas, de ideas filosóficas, políticas y estéticas, Morejón respondió a las exigencias de su momento histórico. Con fuerte gesto político, se identificó con su circunstancia social para dar expresión al momento histórico con temas de orden público, histórico y social, revelando, así, el despertar de su consciencia social.

La Revolución entró a constituir una esencia de su obra. Insertada en ella "como la astilla en la herida, como la luna cambiante de [sus] barrios," la Revolución siempre es "inventada pero siempre visible," afirmó Morejón (Cordones-Cook 1996, 70). Visible, sí, pero no como espejo sino como provocación, particularmente en *Parajes de una época* (1979), *Cuaderno de Granada* (1984) y *Octubre imprescindible* (1983), poemarios que proyectan—con espíritu combativo de resistencia y de oposición política—la problemática del Caribe.

Parajes de una época, quizás el más logrado de estos tres poemarios, con clara unidad temática, recoge algunos textos escritos en la década de los setenta. Implícita y explícitamente, Morejón va inscribiendo páginas de fervor nacionalista y, en un gesto de reafirmación ideológica del credo cultural-político de la Cuba revolucionaria, se refiere a mártires anónimos cuyos sacrificios no habían de ser en vano: "Corre hacia la mina un héroe nuestro, / solo, / atildado como una paz, / sus jugos gástricos siembran el árbol del porvenir" ("La mina de Ocujal," *Parajes de una época*). Asimismo, proyecta semblanzas de grandes héroes reconocidos cuyas memorias se veneran. Así es el caso trágico de Abel Santamaría, quien murió en el ataque al cuartel Moncada en Santiago de Cuba y cuyos ojos arrancados le fueron llevados a su hermana mientras estaba en la cárcel: "Los ojos de Abel Santamaría / están en el jardín. / Mi hermano duerme bajo las semillas" ("Una rosa," *Parajes de una época*). En esa vena, se refiere a Camilo Cienfuegos—comandante y compañero de filas de Ernesto "Che" Guevara—que muriera en un accidente de aviación: "Furias del huracán acostumbrado, / vientos misteriosos golpeando el arrecife, / palos de muerte y de coral / inundaron las bahías de la Isla / y se tragaron el aire de Camilo" ("Mitologías," *Parajes de una época*).

En *Cuaderno de Granada,* Nancy Morejón responde poéticamente

Communist Party, Morejón plunged into the intellectual activity promoted by the new order.

In that cultural atmosphere, which proposed and imposed a series of expressions, patterns, and philosophical, political, and aesthetic ideas, Morejón responded to the demands of her historical moment. With a strong political gesture, she identified with her social circumstances and gave expression to that moment with themes of a public, historical, and social nature, thus revealing the awakening of her social consciousness.

The Revolution became an essential part of her work. Embedded in her "like a splinter in a wound, like the changing moon of [her] neighborhoods" the Revolution is always "invented but always visible," Morejón stated (Cordones-Cook 1996, 70). Visible, yes, although not as a reflection but as a provocation, particularly in *Parajes de una época* (1979), *Cuaderno de Granada* (1981), and *Octubre invisible* (1983), collections that project the Caribbean problematic with a combative spirit of resistance and political opposition.

Parajes de una época, perhaps the most successful of these three volumes, with clear thematic unity, is a compilation of some texts that were written in the 1970s. Implicitly and explicitly, Morejón includes pages of nationalistic fervor, and in a gesture of ideological reaffirmation of the cultural-political creed of revolutionary Cuba, she presents anonymous martyrs whose sacrifices should not be in vain: "A hero, one of ours, runs toward the mine / alone / decorated like peace, / his insides nurturing the tree of all to come" ("The Ocujal Mine," *Parajes de una época*). Additionally, she paints portraits of great recognized heroes whose memories are revered. One is the tragic case of Abel Santamaría, a revolutionary guerrilla who died during the attack on the Moncada Palace in Santiago de Cuba. His eyes were removed and sent to his sister while she was in prison: "The eyes of Abel Santamaría / lie in the garden. / My brother sleeps under the seeds" ("A Rose," *Parajes de una época*). In a similar manner she presents *Comandante* Camilo Cienfuegos, Ernesto "Che" Guevara's comrade-in-arms, who died in a plane crash: "Furies of the familiar hurricane, / strange reef-battering winds, / death wands of coral / flooded the Island bays / swallowing Camilo's breath" ("Mythologies," *Parajes de una época*).

In *Cuaderno de Granada*, Nancy Morejón responds poetically to

a la invasión de Granada de Estados Unidos en 1983 (Luis 97). Casi como un alegato, ofrece claros mensajes ideológicos de solidaridad política y expone el hecho histórico con sus mártires y héroes caídos.

Siempre solidaria con los desposeídos, la poeta se inspira en humildes personajes anónimos empleando una retórica estético-social. "Obrera del tabaco" parte de un referente personal, pues su madre había sido despalilladora del tabaco. Como en otros poemas, Morejón se refiere a temas sociales desde una perspectiva marxista, y, sin dejarse limitar por un realismo social, crea una textura elaborada superponiendo otros niveles de escritura y lectura.

> Una obrera del tabaco escribió
> un poema a la muerte. Entre el humo
> y las hojas retorcidas y secas de la vega
> dijo ver el mundo en Cuba.
> . . . .
> En su poema, estaban todos los deseos y toda la ansiedad
> de un revolucionario contemporáneo suyo.
> . . . .
> Pero ni sus hermanos, ni sus vecinos,
> adivinaron la esencia de su vida. Y nunca supieron la esencia del
>   poema.
> Ella lo había guardado, tenaz y finamente,
> junto a unas hojas de caña santa y cáñamo
> dentro de un libro empastado,
> de José Martí.
>
>   ("Obrera del tabaco," *Octubre imprescindible*,
>   1–4, 23–24, 27–32)

En un lenguaje aparentemente directo, el poema comienza en el plano concreto de una trabajadora para ir entretejiendo las aspiraciones, la experiencia y la ideología social revolucionaria con criterios estéticos que en última instancia apuntan hacia una estética de reivindicación social. Abiertamente metapoético,[12] el texto se refiere a la temática y a la recepción del poema, al acto creador de una poeta anónima, entroncada con una cara tradición literaria cubana que es Martí. La poeta es una obrera cuya voz y contribución literaria permanecerá incomprendida, si no desoída y perdida en el olvido.

the invasion of Granada by the United States in 1983 (Luis 97). With a feeling of near allegation, she offers clear ideological messages of political solidarity and exposes the historical event with its fallen martyrs and heroes.

Always in solidarity with the have-nots, the poet finds inspiration in humble anonymous characters, using an aesthetic-social rhetoric. In "Tobacco Worker" she departs from a personal referent, for her mother had been a tobacco worker. As in other poems, Morejón alludes to social themes from a Marxist perspective. Without allowing herself to be limited by a social realism, she creates an elaborate texture, consciously superimposing other levels of writing and reading.

> A tobacco worker wrote
> a poem to death. Amid the smoke
> and the dry and twisted leaves of the plains
> she said she saw the world in Cuba.
> . . . .
> Her poem was full of the desires and anxieties
> of a revolutionary, her contemporary.
> . . . .
> But not even her brothers, not even her neighbors
> guessed at the essence of her life. And they never learned the
>   essence of the poem.
> She had kept it, tenaciously and delicately,
> together with some leaves of hemp and *caña santa,*
> in a clothbound book
> of José Martí.
>
> > ("Tobacco Worker," *Octubre imprescindible,*
> > 1–4, 23–24, 27–32)
> > (Trans. David Frye)

In an apparently direct language, the poem begins at the concrete level of a worker and then interweaves the aspirations, experience, and social revolutionary rhetoric with aesthetic criteria that in the end indicate a poetics of social redemption. Openly metapoetic, the text refers to the thematics and reception of the poem, to the creative act of an anonymous female poet linked to a cherished Cuban literary tradition, Martí.[12] She is a worker whose voice and literary contribution will remain misunderstood, if not ignored and lost in oblivion.

Exilio

Es sabido que así como la Revolución concitó y nucleó intenso fervor nacionalista de reivindicación social, también trajo división, separación y exilio. En momentos en que tantos compatriotas emigraban de la Isla, Morejón, leal a su gente, a sus tradiciones e ideales, optó por permanecer, opción que no significó ruptura con aquellos que emigraron. Más aun, el problema de la separación de las familias cubanas, sin haberle tocado directamente, se convirtió en una preocupación propia. Con los años, Morejón había de entablar sólidas amistades con muchos de los cubanos emigrados, amistades de profunda humanidad, empatía y compasión ante el desgarramiento afectivo y cultural sufrido por la mutilación del exilio, experiencia que nunca llegaba a borrar las memorias de la cultura original. Así lo manifiesta en "Ante un espejo," dedicado a Sonia Rivera-Valdés, escritora emigrada a los Estados Unidos, quien como Lourdes Casal realizara el viaje de regreso a Cuba. Como un superego premonitorio e inmensamente sabio, la voz poética habla del abandono obligado del centro vital y cultural de la patria en pos de nuevos horizontes—separación que indica marginación y dislocación de identidad pero sin cortar las raíces que permanecen ancladas en los niveles conscientes e inconscientes del ser. Mientras sigue a la exiliada en su búsqueda de identidad, sin nunca abandonarla, surgen las imágenes de memorias insoslayables, fieles a la tierra, a la cultura, a la ciudad abandonada. La exiliada, receptora de ese mensaje lírico, se desgastará, permanecerá desfasada, marchitándose triste y alienada de su entorno original sin encontrar la confirmación esperada y necesitada de su Otro en el espejo.

> Si decidieras irte de la ciudad,
> de tu ciudad,
> en busca de nuevos horizontes,
> de tu fortuna
> o tal vez de una pasión sin precedentes,
> la ciudad, esta ciudad,
> aún inconsciente de sus ruinas,
> emprenderá tu acecho

Exile

It is well known that just as the Revolution stirred up and brought into focus an intense nationalistic fervor of social redemption, it also brought about division, separation, and exile. During times when so many of her compatriots were emigrating from the Island, Morejón, loyal to her people, to her traditions and ideals, opted to remain, an option that did not mean alienation from those who left. Indeed, the problem of the separation of Cuban families, although it never directly affected her, did become her personal preoccupation. As the years went by, Morejón would maintain solid friendships with many Cuban *émigrés,* friendships of profound humanity, empathy, and compassion in the face of the emotional alienation caused by the mutilation of exile, an experience that was never able to erase memories of the original culture. This is expressed in "In Front of a Mirror," dedicated to Sonia Rivera Valdés, a writer who emigrated to the United States and who, like Lourdes Casal, would later undertake the journey back to Cuba. Like an intensely wise and premonitory superego, the poetic voice discusses the forced abandonment of the homeland, the center of life and culture, in search of new horizons. It is a separation that indicates marginalization and dislocation of identity but does not cut off the roots that remain anchored in the conscious and unconscious layers of the individual. While the voice follows the exiled woman in her search for identity, without abandoning her, images emerge of un-mitigated memories, faithful to the land, the culture, and the abandoned city. The exiled woman, recipient of that lyrical message, will get worn out; she will remain out of place, withering away sad and alienated from her original environment, without finding the expected and needed confirmation of her other self in the mirror.

> If ever you decide to leave the city,
> your city,
> in search of new horizons,
> of fortune
> or perhaps in search of an unprecedented passion,
> the city, this city,
> still unaware of its ruins,
> will begin to stalk you

siguiéndote los pasos.
. . . .
A donde quiera que te muevas
escucharás el mismo pregón de la mañana;
. . . .
ésta será la ciudad de todos tus fantasmas.
Habrás desgastado tu vida un poco inútilmente
y cuando ya estés vieja,
ante un espejo como el de Cenicienta
sonreirás algo triste
y en tus pupilas secas
habrá dos rocas fieles
y una esquina sonora de tu ciudad.

> ("Ante un espejo," *Paisaje célebre*,
> 1–9, 34–35, 42–49)

Más allá del exilio por el cual muchos cubanos optaron después de la Revolución, la experiencia de emigración voluntaria o forzada, con el desplazamiento territorial y la resultante dislocación de identidad personal y colectiva, constituye un fenómeno característico de la experiencia poscolonial. Como en "Ante un espejo," varias de las obras de Nancy Morejón poetizan y reflexionan sobre esta experiencia.

Africanía

Como americana de todas las latitudes y tiempos, Nancy Morejón no sólo no se sustrae a su pasado sino que lo busca, proyectando, en su caso, una consciencia histórica poscolonial. En su esfuerzo de memoria, de recuperación de tiempos desvirtuados y desarticulados, va creando una genealogía perdida de ancestros sin identidad definida.[13] Ese proceso revela una voluntad de coherencia y entendimiento de antiguos traumas, reeditados constantemente en el presente, mientras que va iluminando y dando sentido a prácticas culturales con proyecciones de futuro.

Consciente de los silencios, borrones y desfases de la historia, Morejón enfoca en discontinuidades e incongruencias. Se interna en las profundas raíces históricas y míticas, activando saberes de esclavitud y de sujeción. En una oposición implícita al saber impuesto, la

following your steps.
. . . .
Wherever you go
you will hear the same morning call;
. . . .
this will be the city of your ghosts.
You will have wasted your life somewhat in vain
and when you get old,
before a mirror like Cinderella's
you will smile somewhat sadly
and in your dry pupils
there will be two faithful rocks
and a resonant corner of your city.

("In Front of a Mirror," Paisaje célebre,
1–9, 34–35, 42–49)
(Trans. Gabriel Abudu)

Beyond the exile thousands of Cubans chose after the triumph of the Revolution, the experience of forced or voluntary migration and territorial displacement, with the resulting dislocation of personal and collective identity, constitutes a universal phenomenon characteristic of postcolonial experience. Many of Morejón's texts, like "In Front of a Mirror," poeticize that experience.

Africanness

Like an American of all latitudes and times, Nancy Morejón not only does not avoid her past, but rather seeks it out, projecting in her particular case a postcolonial historical consciousness. In her quest for memory, for regaining distorted and dislocated times, she creates a lost genealogy of ancestors without a definite identity.[13] That process reveals a strong desire for coherence and comprehension of old traumas that are constantly revised in the present, while it continues to illuminate and give meaning to cultural practices that will reappear in the future.

Conscious of the silences, blurs, and omissions of history, Morejón focuses on discontinuities and incongruities. She delves into deep historical and mythical roots, activating awareness of slavery and subjugation. In an implicit opposition to imposed knowledge, the poet

poeta da voz a un conocimiento subyacente en memorias de encuentros hostiles que, relegados a las márgenes de la consciencia, han estado enterrados y silenciados, configurando así lo que Michel Foucault llamaría "la insurreción de los saberes subyugados" (81).

El tema de su origen, de la raza, en sus aspectos histórico-culturales, ha marcado de modo indeleble a Nancy Morejón tanto emocional como intelectualmente (Cordones-Cook 1996, 67). Esencia de su identidad, la africanía emerge desde el meollo de su poesía como componente fundamental, aglutinador y universalizante de la diáspora africana. Como las experiencias reprimidas de la consciencia, el distante mundo ancestral de la esclavitud no se extingue sino que regresa del inconsciente, proyectando su sombra sobre el presente.

> Del siglo dieciséis data mi pena
> y apenas lo sabía
> porque aquel ruiseñor
> siempre canta en mi pena.
> ("Mirar adentro,"
> *Piedra pulida*)

En su brevedad, estilización e intensidad, este poema constituye un modelo de concentración verbal, un haikú, construcción poética de extraordinaria simplicidad y brevedad que polisémicamente produce una pluralidad de reflejos y alusiones.[14] Desde el título mismo, el yo poético apunta a un mirar más allá, a un explorar y auscultar la profundidad. Alude a la indagación interior hacia un trasmundo, hacia la otra escena casi desaparecida del saber consciente que será recuperable a través del lírico canto del ruiseñor. Morejón proyecta un sentido de dolorosa contemplación de un pasado siempre presente. Con melancolía, se detiene en una pena acumulada por cuatro siglos que se mitiga con el canto del ruiseñor, símbolo del arte, de la poesía, de la creación lírica, encarnación de una máxima sublimación de dolor—símbolo que reaparecerá luego en otros poemas.

Aunque la africanía es un elemento esencial en su identidad, la poeta no va en pos de una pureza africana, que ya Frantz Fanon había identificado como inexistente en América. En Cuba, primero Fernando Ortiz y luego la propia Morejón, entre otros, han elaborado la noción de transculturación. De acuerdo con Morejón, no hay pureza ni española ni africana, sino que, a partir de una simbiosis biológica y cultural, el

gives voice to the unconscious with memories of hostile encounters and experiences that, relegated to the margins of consciousness, have been buried and silenced, thus formulating what Michel Foucault would call "the insurrection of subjugated knowledges" (81).

The theme of her origin and her race in their historical and cultural aspects has left an indelible mark on Nancy Morejón, both emotionally and intellectually (Cordones-Cook 1996, 67). As an essential quality of her identity, Africanness emerges from the core of her poetry as a fundamental, unifying, and universalizing component of the African diaspora. Like repressed experiences of one's consciousness, the distant ancestral world of slavery does not fade away but rather returns from the unconscious, projecting its shadow over the present.

> From the sixteenth century dates my sorrow
> and I hardly knew it
> because that nightingale
> always sings in my sorrow.
>> ("Looking Within," *Piedra pulida*)
>> (Trans. Heather Rosario Sievert)

This poem, a stylized and intense haiku with extraordinary simplicity and full of symbolism, produces many different reflections and allusions.[14] The poetic subject is aiming at a distant objective, at exploring and sounding depth. It alludes to an internal inquiry toward another world, toward the other scene that has almost disappeared from conscious knowledge but that will be retrievable through the lyrical singing of the nightingale. Morejón projects a feeling of painful contemplation of a past that is always present. With melancholy, she lingers in a pain that has accumulated for four centuries, mitigated by the singing of the nightingale, symbol of art, poetry, lyrical creation, embodiment of a maximum sublimation of pain—a symbol that will reappear in other poems.

Although Africanness is an essential element in her identity, the poet is not seeking an African purity, for Frantz Fanon had already identified that as something that does not exist in America. In Cuba, first Fernando Ortiz and then Morejón herself have expounded on the notion of transculturation. According to Morejón, there is no Spanish or African purity. Rather, as the consequence of a biological and cultural fusion, the product is neither one nor the other but a different

producto no es ni lo uno ni lo otro, sino una cultura distinta con componentes de lo español y lo africano, que surge profundamente marcada por y anclada en el terrible y prolongado episodio de la esclavitud.

¿Feminismo?

La crítica ha sido de opinión prácticamente unánime al afirmar que Nancy Morejón como poeta afrocubana no tenía antecedentes y que, hasta la aparición de su obra, la mujer escritora de ascendencia africana había permanecido en la oscuridad, en el silencio, en el ostracismo, no sólamente en Cuba sino en el resto de Hispanoamérica. Como resultado, la posición de esa mujer cubana frente a la esclavitud, la colonia, la descolonización y, en general, temas culturales, era desconocida.

La política cultural textual/sexual había autorizado, apoyado y perpetuado una marginación secular articulada en torno a un triple eje de diferencia: el género, la raza y la clase social. Sin embargo el silencio y la invisibilidad resultantes del desconocimiento y la exclusión, habrían de despertar en la mujer caribeña una toma de consciencia en la cultura y la sociedad que naturalmente traería aparejada una necesidad de expresión. De Jamaica, a Guadalupe y a Cuba, el fenómeno de la mujer poeta empezó a hacer eclosión. Morejón inició y estableció una tradición de poesía femenina afro-hispánica.[15]

Hoy en día, es la primera poeta cubana reconocida universalmente que adoptó su identidad de mujer afro. También, aún sin proponérselo, revitalizó y lideró el discurso literario feminista del Caribe contemporáneo (Fido 8–14). La propia Morejón acaba de descubrir hace un par de años un libro póstumo de sonetos y décimas de una poeta afrocubana nacida en el siglo diecinueve y muerta en 1920, Cristina Ayala, cuya obra había permanecido en total oscuridad, y a otras escritoras afrocubanas posteriores a Ayala, incluyendo a Dámasa Jova y Juana Pastor (Cordones-Cook 1999).[16]

Morejón ha afirmado que no es militante activa con ninguna causa, "ni con su ego." No cree que exista una narrativa o una poesía de mujer, sino que toda creación literaria, artística, requiere y refleja fundamentalmente la condición humana (Cordones-Cook 1996, 68–69). Además, debemos recordar que metafóricamente existe un elemento constante en la obra de Morejón, la contraposición colonizador/

culture with something Spanish and something African, arising pro-
foundly marked by and anchored in the terrible and prolonged episode
of slavery.

Feminism?

Critics have been practically unanimous in stating that Nancy More-
jón as an Afro-Cuban woman poet had no predecessors. Until her
work appeared, the black woman writer had been in obscurity and
silence, ostracized not only in Cuba but in the rest of Spanish Amer-
ica. As a result, the position of the Afro-Cuban woman with regard to
slavery, colonization, decolonization, and, in general, cultural themes
was unknown.

Textual/sexual politics had authorized, supported, and perpetu-
ated a secular marginalization constructed around a triple axis of
difference: gender, race, and social class. However, the silence and
invisibility that resulted from being ignored and excluded would pro-
voke in the Caribbean woman an awareness of her culture and soci-
ety that would naturally entail a need for expression. From Jamaica
to Guadeloupe and Cuba, women poets began to appear. Morejón
initiated and established a tradition of Afro-Hispanic poetry by
women.[15]

Presently she is the foremost woman poet from Cuba recognized
worldwide to have assumed her identity as a woman and as a black
person. Without intending to do so, she revitalized and took a lead
role in the discourse of contemporary Caribbean feminist literary (Fido
8–14). Morejón herself just discovered a few years ago a posthumous
book of sonnets and ten-line poems by an Afro-Cuban poet who was
born in the nineteenth century and died in 1920. Her name was Cris-
tina Ayala, and her work had remained in total obscurity.[16] Morejón
also discovered other Afro-Cuban women writers who came after Ayala,
such as Dámasa Jova and Juana Pastor (Cordones-Cook 1999).

Morejón has stated that she is not an active militant in any cause,
not even that of her own ego. She does not believe that a women's nar-
rative or poetry exists. Rather, she believes that every literary and artis-
tic creation fundamentally requires and reflects the human condition
(Cordones-Cook 1996, 68–69). Additionally, metaphorically there is a
constant element in Morejón's work: the positing of the colonizer/

colonizado, dominador/dominado, y que el segundo término de estos polos sufre la experiencia de opresión y marginación, sufrida en gran medida por la mujer negra.

La poeta no simpatiza tanto con el feminismo intelectualizado como con el "callejero," aquel que se manifiesta con fuerza enfrentando el diario vivir. No se considera feminista. Sin embargo, mucha de su obra, como es el caso de otras escritoras contemporáneas, apunta a asuntos más amplios que iluminan y problematizan la existencia y las dificultades de la mujer. Consciente de estas implicaciones, a Morejón le satisface si su obra en alguna medida le es útil o beneficia la causa de la mujer (Cordones-Cook 1996, 68–69).

En 1975, el Año Internacional de la Mujer, publicó por vez primera, en la revista *Casa de las Américas,* "Mujer negra," poema que es una de sus dos obras más antologadas (la otra siendo "Amo a mi amo"). A estos poemas se le unen otros, entre los que se destaca uno de los más recientes, "Persona," escrito en marzo de 1999. En este texto, Morejón, con intertextualidades propias y ecos de procesos creadores anteriores, presenta una visión más totalizadora de la mujer negra, quien, marcada por la esclavitud, va en una inacabable búsqueda de raíces y de identidad en reflejos de múltiples espejos humanos.

Movida por un deseo de entendimiento y de recuperación de orígenes culturales, Nancy Morejón ya se había remontado hacia el pasado, entretejiendo la historia oficial con la silenciada y olvidada en su poema historiográfico "Mujer negra." Mediante un hablante singular en primera persona, este texto genera la representatividad metonímica de un yo plural, de una consciencia colectiva, y reconstruye la trayectoria centenaria de la ignominia de la esclavitud africana, de la historia de la diáspora africana. "Mujer negra" se constituye en épica fundacional afro-hispánica en que el papel protagónico pertenece a la mujer afro.

Arrancada por un violento secuestro de su mundo original, de un tiempo y espacio de protección y armonía, esta mujer evoca vívidamente la travesía del Atlántico: "Todavía huelo la espuma del mar que me hicieron atravesar." Recorre la trayectoria de una heroína mítica incursionando por ámbitos desconocidos y oscuros en la travesía de los mares, y sufriendo los incontables vejámenes y oprobios de la trata de esclavos, las inacabables pruebas de maltrato y abusos físicos, sexuales y morales. Esa protagonista mítica emerge de la exclusión,

colonized, dominator/dominated relationship. Neither must we forget that the second term of these poles suffers the experience of oppression and marginalization that is borne in a larger measure by the black woman.

The poet has stated that she does not sympathize as much with intellectualized feminism as with "street" feminism, the feminism that erupts with force as it confronts daily life. She does not consider herself a feminist. However, much of her work, as is the case with many other contemporary women writers, points to wider themes that illuminate and problematize the existence and difficulties of the woman. Conscious of these implications, Morejón is satisfied if her work in some way is useful or beneficial to the woman's cause (Cordones-Cook 1996, 68–69).

In 1975, the International Year of the Woman, she published for the first time, in the journal *Casa de las Américas*, "Black Woman," a poem that is one of her two most anthologized works ("I Love My Master" is the other). There are other poems like these, among which "Person," written in March 1999, is the most outstanding. In this poem, Morejón, with her own intertextualities and with echoes of previous creative processes, presents a more totalizing vision of the black woman, scarred by slavery, searching endlessly in reflections of multiple human mirrors for her roots and for identity.

Moved by a desire for understanding and recovery of her cultural origins, Nancy Morejón had already gone back toward the past, interweaving official history with silenced and forgotten history in her historiographic poem "Black Woman." Through a first-person singular speaker, this text generates a metonymic representation of a plural "I" that belongs to a collective consciousness and reconstructs the century-long journey of the ignominious African slave trade and the history of the African diaspora. "Black Woman" becomes a foundational Afro-Hispanic epic, where the leading role belongs to the black woman.

Uprooted through violent kidnapping from her original world, from a time and space of protection and harmony, that woman vividly evokes the crossing of the Atlantic: "I still smell the foam of the sea they made me cross." She undertakes the journey of a mythic heroine passing through unknown and dark environments during the crossing of the seas. The poetic "I" suffers the endless trials of humiliation and ignominy of the slave trade: the hardships of maltreatment, as well as physical, sexual, and moral abuse. That mythic protagonist emerges

el silencio y el olvido de los márgenes colonizados portadora de profundos conocimientos que contribuirá a su sociedad en un presente y futuro liberados. En sus desplazamientos, "la mujer negra" ha ido recogiendo fragmentos de sí misma para abandonar la posición de objeto/víctima y construir una nueva identidad, potentizada ya como sujeto y agente de la historia, hacedora de logros materiales y morales, personales y colectivos.

"Mujer negra" inscribe en la mitología de la Revolución cubana una emergente consciencia femenina racial con una misión central redentora que se proyecta sobre el presente y hacia el futuro en espacios de justicia social solidaria, abarcadora de todos los marginados y desposeídos:

> Ahora soy: sólo hoy tenemos y creamos.
> Nada nos es ajeno.
> Nuestra la tierra.
> Nuestros el mar y el cielo.
> Nuestras la magia y la quimera.
> Iguales míos, aquí los veo bailar
> alrededor del árbol que plantamos para el comunismo.
>
> ("Mujer negra")

Hasta la aparición de Morejón, la mujer afro-hispana en la literatura estaba *sous rature,* en una condición marginal que la privaba de su humanidad, de su pensamiento, de su espiritualidad, y cuando aparecía era como objeto erotizado. Esa mujer se hacía culturalmente visible como signo racial de sensualidad, mientras que permanecía invisible en su dimensión cultural, social y política.[17] Repetidamente aparecía inscrita como objeto de la libidinosa imaginación masculina y de su discurso *voyeurista,* no sólo en la obra de poetas caucásicos, sino en la de algunos consagrados afro-hispanos, incluso Jorge Artel y Marcelino Arozarena (Kutzinski 163–98). Se trataba de un discurso poético no sólo androcéntrico sino homosocial, pues, en la construcción de esa iconografía misógina, pasiva y sin agencia de la mujer afro, aliaba a los hombres más allá de las fronteras raciales.

En "Amo a mi amo," Morejón centra su atención en la materialidad del cuerpo colonizado de la esclava, y sobre ese cuerpo inscribe el poder del amo. Desde la perspectiva íntima de la esclava, la voz

from the exclusion, silence, and oblivion of the colonized margins, carrying a "gift," a deep knowledge that she will contribute to her society in a liberated present and future. In her journeys, "the black woman" has been gathering fragments of herself so as to abandon her position of object/victim and construct a new identity, now empowered as subject and agent of history, creator of material, moral, personal, and collective successes.

"Black Woman" inscribes into the mythology of the Cuban Revolution an emerging feminist racial consciousness with a central redeeming mission that is projected over the present and toward the future in spaces of binding social justice, covering all the marginalized ones:

> Now I exist: only today do we own, do we create.
> Nothing is foreign to us.
> The land is ours.
> Ours the sea and the sky,
> the magic and the vision.
> My equals, here I see you dance
> around the tree we are planting for communism.
> ("Black Woman")
> (Trans. Kathleen Weaver)

Until Morejón appeared, the Afro-Hispanic woman was absent, *sous rature*, in literature. She was in a marginal condition that deprived her of her humanity, her thinking, and her spirituality, and any time she appeared she was treated as an erotic object. That woman was culturally visible as a racial sign of sensuality, while she remained invisible in her cultural, social, and political dimension.[17] She was frequently presented as an object of masculine libidinous imagination and its voyeuristic discourse, not only in the work of white writers, but also in that of well-established Afro-Hispanic writers such as Jorge Artel and Marcelino Arozarena (Kutzinski 163–98). It was not only an androcentric poetic discourse but a homosocial one, for in the construction of that misogynistic, passive iconography without the participation of the black woman, it united men well beyond racial boundaries.

In "I Love My Master," Morejón departs from patterns laid down in canonical texts. She focuses on the materiality of the colonized body of the black female slave, and on that body she inscribes the

poética expone la racialización que, entretejida a la sexualidad, se produce en el seno del espacio doméstico colonial. Parte de coordenadas inscritas en textos canónicos y presenta la dicotomía maniquea con la esclava, objeto de la lujuria del amo, sin otra alternativa que la de ser cómplice de su amo a quien, a pesar de la denigración y opresión que le impone, debe "amar . . . / mansa cual un cordero." Paulatinamente, Morejón va presentando la evolución de la esclava, desde su domesticación en un espacio de íntima sujeción, en su condición solitaria de objetivación sexual, en que el género determina la específica relación amo/esclava. El cuerpo femenino, cautivo de la "tecnología" del poder colonial y sujeto al pillaje sexual, encarna la desposesión total y representa el *locus* del control del amo, registrado allí con violencia: el "amo muerde y subyuga."

Morejón expone los elementos contradictorios inscritos en la relación de domesticidad y sometimiento sexual, dándole voz al espíritu de una intrincada dialéctica de poder que potencia la resistencia y la acción que, eventualmente, la esclava habrá de asumir hacia su emancipación. Desde la pasividad y sumisión, la evolución conduce hacia una fluctuación entre el querer y no querer, simultánea atracción y repulsión, "amor" y odio, ambivalencia característica de la relación colonizador/colonizado.[18] Esa ambigüedad perturbadora del discurso colonial, enmascarada en la acquiescencia y sumisión de la esclava, marca una transición. A la vez, también apunta hacia una ambivalencia del amo implicándolo con la esclava en un dialogismo que, en última instancia, conducirá a descentrar la autoridad colonial y a desequilibrar la aparentemente monolítica hegemonía.[19] Desde la fluctuación entre la complicidad y la resistencia, el yo poético inscribe el proceso de una paulatina toma de consciencia que junto a la resistencia conlleva la potentización de la esclava: "Amo a mi amo, pero todas las noches, / cuando atravieso la vereda florida hacia el cañaveral / donde a hurtadillas hemos hecho el amor, / me veo cuchillo en mano, desollándolo como a una res / sin culpa." En un final abierto, el llamado ancestral de "ensordecedores toques de tambor" y campanas anuncia, en su tránsito de la sumisión a la venganza, la liberación de la esclava.

"Amo a mi amo" configura un contra-discurso. Interviene en un espacio cultural racializado y sexualizado para descubrir falacias y subvertir textos que cosifican y vilipendian a la mujer negra. Parte de la circunstancia colonial con el amo, dueño y señor de esa sociedad,

master's power while also unveiling the black woman's inner thoughts and self-awareness. From the intimate perspective of the slave, the poetic voice exposes the racialism that, interwoven into sexuality, is produced within colonial domestic boundaries. The slave, object of the master's lust, has no alternative but to be an accomplice of her master, whom she has to "love . . . / tame as any lamb" in spite of the oppression and degradation he imposes. Gradually, Morejón presents the evolution of the slave, from her domestication in the space of an intimate relationship of subjugation, in her lonely condition of sexual objectification, where gender determines the specific master/slave relationship. The female body, prisoner of the economy of colonial power and subject to sexual exploitation, personifies total dispossession and represents the *locus* of the master's control, inscribed there with violence: the "master bites, subjugates."

Morejón exposes the contradictory elements that are embedded in the relationship of domesticity and sexual subjugation, giving voice to an intricate dialectic of power that lays the groundwork for the resistance and action that the slave will take toward her emancipation. From passiveness and submission, the evolution leads toward a fluctuation between loving and not loving, simultaneous attraction and repulsion, "love" and hate, an ambivalence that is characteristic of the relationship between colonizer and colonized.[18] This disturbing ambiguity of colonial discourse, camouflaged in the acquiescence and submission of the slave, marks a transition. At the same time, it shows the ambivalence of the master, implicating him with the slave in a dialogism that in the end will lead to a decentering of colonial authority and an unbalancing of the seemingly monolithic hegemony.[19] From the introduction of ambiguity and fluctuation between complicity and resistance, the poetic subject records the process of a gradual awakening that, together with resistance, carries the empowerment of the slave: "I love my master, but every night / when I cross the flowery pathway to the cane fields / where we have surreptitiously made love, / I can see myself with knife in hand, butchering him like / innocent cattle." In an open ending, the ancestral call of "deafening drumbeats" and bells announces, in her passage from submission to vengeance, the emancipation of the slave.

"I Love My Master" constructs a counter-discourse that enters into a racialized and sexualized cultural space to uncover fallacies and subvert texts that reify and vilify the black woman. The poem departs from the colonial context with the master, owner and lord of that society,

e inscribe su discurso mediante la voz de la esclava para ir desmantelándolo y subvirtiéndolo desde su interior, mientras que, a manera de palimpsesto, va dejando los rastros imborrables de la experiencia de la esclavitud. Morejón desconstruye la objetivación de la mujer afro y desequilibra la autoridad de la relación maniquea amo/esclava del discurso colonizador. Libera a esa mujer de la perspectiva erótica del amo, de la definición de identidad impuesta por el lascivo deseo masculino. Rompe esos esquemas y abre brecha presentando la evolución de una esclava cuya identidad distorsionada y mutilada va marcando el tránsito desde el sometimiento y la pasividad hacia la epifanía de una conscientización y asunción de agencia.

Por otra parte, si bien es cierto que Morejón, en sus inicios, alcanzó notoriedad y ha sido y sigue siendo aclamada como poeta afrocubana, poeta feminista y poeta de la Revolución, dejarla identificada exclusivamente con una o todas estas categorías sería tremendamente reduccionista y, por ende, limitante. Pecaría de omisión y distorsión. Como hemos visto al detenernos en algunos de su poemas, Morejón no se ha dejado restringir por una agenda social ideológica, ni por una estética que corriese el riesgo de caer en simplificaciones y esquematismos repitiendo fórmulas pobres y gastadas. Portadora de un fuerte *ethos* y plena de sutilezas y multidimensional, su voz poética nos conduce hacia una amplia gama de experiencias humanas, sociales, éticas, intelectuales, literarias y estéticas. Su universo lírico abre ventanas hacia un panorama amplio y diverso, vertido en una expresión poética que, por intensa, no deja de ser calibrada y medida, y que, aún en su momento más coloquial, no se diluye en ripios, ingenuidades ni intrascendencias vacías. Con evocaciones del pasado personal y colectivo, inserciones de la alta cultura y de la cultura popular, acompañadas de asociaciones imaginativas que, a veces, lindan con lo irracional surrealista sin dejar de ser congruentes, Nancy Morejón rescata voces silenciadas. Crea una poesía de consciencia social descolonizadora mientras que, a la vez, se muestra consciente de su poesía. En todo momento, reafirma la creación como ingrediente *sine qua non* de su escritura apuntando hacia la esencia de su contexto humano, social, cultural e ideológico, que siempre nos entrega filtrado "a través de la pupila del arte" (Cordones-Cook 1996, 70).

Juanamaría Cordones-Cook

and registers its discourse through the voice of the slave, then dismantles it and subverts it from within. Meanwhile, like a palimpsest, it leaves traces of the experience of slavery that cannot be erased. Morejón deconstructs the objectification of the black woman and inverts the authority of the Manichaean master/slave relationship of colonial discourse. She frees that woman from the erotic perspective, from the definition of identity imposed by a lascivious masculine desire. She breaks those patterns and opens a way, presenting the evolution of a slave whose distorted and mutilated identity marks the movement from submission and passivity toward the epiphany of awareness and assumption of agency.

Although it is true that Morejón achieved fame from the beginning and is still acclaimed as an Afro-Cuban woman poet, feminist poet, and revolutionary poet, identifying her exclusively with any one or all of these categories would be extremely reductionist and therefore limiting, simplistic, and distorting. Morejón has not allowed herself to be restricted by an ideological social agenda, nor by an aesthetic that would risk falling into simplifications and established patterns, repeating poor and overused formulas. Possessing a strong ethos, multidimensional and full of subtleties, her poetic voice takes us through a wide range of human, social, ethical, intellectual, literary, and aesthetic experiences. Her lyrical universe opens avenues toward a wide and diverse panorama channeled through a poetic expression that in spite of its intensity is still calibrated and measured. Even at its most colloquial, this poetic expression is not reduced to superfluities, ingenuousness, or irrelevances. With evocations of the personal and collective past, incursions from fine arts and popular culture, accompanied by imaginative associations that sometimes border on surrealist irrationalism without losing their coherence, Morejón rescues silenced voices. She creates a poetry of social decolonizing consciousness while at the same time revealing a profound consciousness of her poetry. In every instance, Nancy Morejón reaffirms creation as a *sine qua non* ingredient of her writing as she unveils the essence of her human, social, cultural, and ideological world, always filtered "through her aesthetic lens" (Cordones-Cook 1996, 70).

JUANAMARÍA CORDONES-COOK
Trans. Gabriel Abudu

Notas

Una parte de esta introducción ha sido publicada en *Alaluz,* como "Nancy Morejón: Rescate de voces silenciadas."

1. "Viento," que aparece en la selección de poemas que acompaña este estudio, es de *Mutismos*.

2. Me refiero a *Dos poemas de Nancy Morejón* (1989), *El río de Martín Pérez y otros poemas* (1996) y la traducción de *Fastos* de Édouard Glissant (1998).

3. De acuerdo a la entrevista de Ciro Bianchi Ross, "Nancy Morejón: 'Soy muchas poetas,'" aparecida en *Cuba Internacional*, citada por DeCosta-Willis en *Singular like a Bird* (10).

4. Según entrevista de Ciro Bianchi Ross citada por DeCosta-Willis en *Singular like a Bird* (11).

5. El director y actor cubano Luis Brunet concibió una puesta en escena inspirada en este volumen que sería estrenada en 1970 por el Grupo Teatro Estudio.

6. Esta canción fue estrenada en la Sala de Teatro del Museo de Bellas Artes en La Habana por Elena Burke, la intérprete más aplaudida del *feeling*.

7. Según Marta Valdés, otros compositores, Carlos Malcolm, Héctor Angulo, Amaury Pérez y Edgardo Martín, en Cuba, y Jon Appleton, en los Estados Unidos, le han puesto música a poemas de Morejón, "Alicia Alonso," "Canción desde otro mundo," "Nunca vi grandes lagos," "Piedra pulida" y "A un muchacho," entre otros (321).

8. Una puesta en escena al aire libre, en un puente y a la luz de la luna de Jaulín, con muñecos gigantescos, está proyectada para el futuro.

9. Algunos estudiosos de la obra de Morejón han visto aquí un intertexto de Alice Walker, *In Search of Our Mother's Garden: Womanist Prose* (1983). Sin embargo, se trata de una mera coincidencia, pues Morejón había escrito su poema antes y no tuvo conocimiento de la obra de Walker hasta años después.

10. Para una descripción de la vida con los sonidos y personajes de ese barrio, véase el artículo de Marta Valdés (315–17).

11. Me refiero a Belkis Cuza Malé (1942), que publicó el primer cuaderno de esta promoción, *El viento en la pared* (Santiago de Cuba, 1960); Miguel Barnet (1940); Guillermo Rodríguez Rivera (1944); Raúl Rivero (1945); Luis Rogelio Nogueras (1945), y Víctor Casaus (1944).

12. Su consciencia metapoética entretejida a su búsqueda de identidad, ya había aparecido en sus primeros poemas, "Viento" por ejemplo, escrito en 1954 y publicado en este volumen.

13. Para una lúcida elaboración de la función de la memoria en la literatura poscolonial, véase *Location of Culture,* de Homi K. Bhabha (63).

Notes

Part of this introduction was published in *Alaluz* as "Nancy Morejón: Rescate de voces silenciadas."

1. "Wind" in this anthology appeared in *Mutismos*.

2. I am referring to *Dos poemas de Nancy Morejón* (1989), *El río de Martín Pérez y otros poemas* (1996), and the translation of Édouard Glissant's *Fastos* (1998).

3. According to the interview with Ciro Bianchi Ross, "Nancy Morejón: 'Soy muchas poetas,'" which appeared in *Cuba Internacional*, cited by DeCosta-Willis in *Singular like a Bird* (10).

4. See interview with Ciro Bianchi Ross, cited by DeCosta-Willis in *Singular like a Bird* (11).

5. The Cuban director and actor Luis Brunet conceived of a staging inspired by this collection, which was first performed in 1970 by the Grupo Teatro Estudio.

6. This song was first performed in the Theater Hall of the Museum of Fine Arts in Havana by Elena Burke, the most famous artist of *feeling*.

7. According to Marta Valdés, other composers like Carlos Malcom, Héctor Angulo, Amaury Pérez, and Edgardo Martín in Cuba, and Jon Appleton, in the United States, have put these poems of Morejón to music: "Alicia Alonso," "Canción desde otro mundo," "Nunca vi grandes lagos," "Piedra pulida," and "A un muchacho," among others (321).

8. An open-air performance on a bridge under moonlight, with gigantic toys, is being planned for the near future in Jaulín.

9. Some critics of Morejón's works have seen here an intertextual relationship with Alice Walker's *In Search of Our Mother's Garden: Womanist Prose* (1983). However, it is a mere coincidence, for Morejón had written her poem earlier and she had no knowledge of Walker's work until years later.

10. For a description of life with the sounds and characters of this district, see Marta Valdés's article (315–17).

11. I am referring to Belkis Cuza Malé (1942), who published the first book of that group, *El viento en la pared* (Santiago, Cuba, 1960); Miguel Barnet (1940); Guillermo Rodríguez Rivera (1944); Raúl Rivero (1945); Luis Rogelio Nogueras (1945); and Víctor Casaus (1944).

12. Her metapoetic consciousness, interwoven with the search for identity, had already appeared starting with her first poems, as can be seen in "Wind," written in 1954 and published in this volume.

13. For a lucid examination of the function of memory in postcolonial literature, see *The Location of Culture*, by Homi K. Bhabha (63).

14. Para un desarrollo del haikú en Hispanoamérica, véase el capítulo "La tradición del haikú," en *El signo y el garabato*, de Octavio Paz (113–28).

15. Después de Morejón, el público internacional empezó a conocer y reconocer a otras mujeres poetas afrocubanas contemporáneas tales como Georgina Herrera (1936) y Excilia Saldaña (1946–1999), por ejemplo. Tal fenómeno no se limitó a Cuba: también se dieron a conocer Chiqui Vicioso en República Dominicana, Ivonne Truque en Colombia y Luz Argentina Chiriboga en Ecuador, y en Uruguay, donde ya se conocía la excepcional Virginia Brindis de Salas, en los últimos años han surgido otras voces.

16. En sus investigaciones, Morejón descubrió que Cristina Ayala, defensora de la abolición de la esclavitud, además de ser una independentista y animadora cultural, llegó a fundar revistas de acento feminista.

17. Sobre la invisibilidad de la mujer de ascendencia africana en el Caribe, véase el primer capítulo de *Sugar Secrets*, de Vera Kutzinski.

18. Para este concepto véase "Of Mimicry and Man: The Ambivalence of Colonial Discourse," de Homi K. Bhabha (*The Location of Culture*).

19. Para una conceptualización de la ambivalencia como fenómeno que dialogiza el centro y lo desplaza a la periferia, véase a Robert Young (161).

Bibliografía

Bhabha, Homi K. *The Location of Culture*. New York: Routledge, 1994.

Cordones-Cook, Juanamaría. "Conversación de Nancy Morejón con Juanamaría Cordones-Cook." Video. University of Missouri–Columbia, 1999.

———. "Nancy Morejón: Rescate de voces silenciadas." *Alaluz*. Año XXXII. Núm. 1–2 (Primavera–otoño 2000): 48–60.

———. "Voz y poesía de Nancy Morejón." *Afro-Hispanic Review*. 15.1 (Spring 1996): 60–71.

DeCosta-Willis, Miriam, ed. *Singular like a Bird: The Art of Nancy Morejón*. Washington, D.C.: Howard University Press, 1999.

———."The Caribbean as Idea and Image in the Poetry of Nancy Morejón." *Journal of Caribbean Studies* (Summer 1990): 233–43.

Fido, Elaine Savory. "A Womanist Vision of the Caribbean: An Interview." *Out of Kumbla: Caribbean Women and Literature*. Edas. Carole Boyce Davies y Elaine Savory Fido. Trenton, N.J.: Africa World Press, 1990. 265–69.

Foucault, Michel. *Power/Knowledge: Selected Interviews and Other Writings, 1972–1977*. New York: Pantheon, 1982.

Glissant, Édouard. *Fastos*. Nancy Morejón, tr. Matanzas, Cuba: Ediciones Vigía, 1998.

14. For a lucid study of haiku in Spanish American poetry, see the chapter "La tradición del haiku," in *El signo y el garabato,* by Octavio Paz (113–28).

15. After Morejón, the international public began to hear about and to recognize other contemporary Afro-Cuban women poets like Georgina Herrera (1936) and Excilia Saldaña (1946–1999). This phenomenon was not limited to Cuba: Chiqui Vicioso in the Dominican Republic, Ivonne Truque in Colombia, and Luz Argentina Chiriboga in Ecuador also became known, and in Uruguay, where the exceptional Virginia Brindis de Salas was already well known, other voices have been emerging in the last few years.

16. In her research, Morejón discovered that Cristina Ayala, a defender of the abolition of slavery, in addition to being a supporter of independence and director of cultural activities, founded feminist magazines.

17. On the invisibility of black women in the Caribbean, see *Sugar Secrets,* by Vera Kutzinski, especially the first chapter.

18. For this concept, see "Of Mimicry and Man: The Ambivalence of Colonial Discourse," by Homi K. Bhabha (*The Location of Culture*).

19. For an examination of ambivalence as a phenomenon that creates a dialogic play around the center and displaces it to the periphery, see Robert Young (161).

Bibliography

Bhabha, Homi. *The Location of Culture.* New York: Routledge, 1994.

Cordones-Cook, Juanamaría. "Conversación de Nancy Morejón con Juanamaría Cordones-Cook." Video. University of Missouri–Columbia, 1999.

———. "Nancy Morejón: Rescate de voces silenciadas." *Alaluz.* Año XXXII. Núm. 1–2 (Primavera–otoño 2000): 48–60.

———. "Voz y poesía de Nancy Morejón." *Afro-Hispanic Review* 15.1 (Spring 1996): 60–71.

DeCosta-Willis, Miriam, ed. *Singular like a Bird: The Art of Nancy Morejón.* Washington, D.C.: Howard University Press, 1999.

———. "The Caribbean as Idea and Image in the Poetry of Nancy Morejón." *Journal of Caribbean Studies* (Summer 1990): 233–43.

Fido, Elaine Savory. "A Womanist Vision of the Caribbean: An Interview." *Out of Kumbla: Caribbean Women and Literature.* Ed. Carole Boyce Davies and Elaine Savory Fido. Trenton, N.J.: Africa World Press, 1990. 265–69.

Foucault, Michel. *Power/Knowledge: Selected Interviews and Other Writings, 1972–1977.* New York: Pantheon, 1982.

Glissant, Édouard. *Fastos.* Nancy Morejón, trans. Matanzas, Cuba: Ediciones Vigía, 1998.

Kutzinski, Vera M. *Sugar's Secrets: Race and the Erotics of Cuban Nationalism*. Charlottesville: University of Virginia Press, 1993.

Luis, William. "Race, Poetry, and Revolution in the Works of Nancy Morejón." *Hispanic Journal* 14.2 (1993): 83–103.

Morejón, Nancy. *Fundación de la imagen*. La Habana: Letras Cubanas, 1988.

———. "Gestos y voces de Los Sitios." Artículo inédito.

———. "Las poéticas de Nancy Morejón." *Afro-Hispanic Review* 15.1 (Spring 1996).

———. *Nación y mestizaje en Nicolás Guillén*. La Habana: Ediciones Unión, 1982.

———. "Poesía del Caribe." *Revolución y cultura* 82 (1979): 56–57.

———, editora. *Recopilación de textos sobre Nicolás Guillén*. La Habana: Casa de las Américas, 1974.

Paz, Octavio. *El signo y el garabato*. México: J. Mortiz, 1975.

Walker, Alice. *In Search of Our Mother's Garden: Womanist Prose*. San Diego: Harcourt, Brace, Jovanovich, 1983.

Young, Robert J. C. *Colonial Desire: Hybridity, Culture, and Race*. New York: Routledge, 1995.

Kutzinski, Vera M. *Sugar's Secrets: Race and the Erotics of Cuban Nationalism.* Charlottesville: University of Virginia Press, 1993.

Luis, William. "Race, Poetry, and Revolution in the Works of Nancy Morejón." *Hispanic Journal* 14.2 (1993): 83–103.

Morejón, Nancy. *Fundación de la imagen.* Havana: Letras Cubanas, 1988.

———. "Gestos y voces de Los Sitios." Unpublished article.

———. "Las poéticas de Nancy Morejón." *Afro-Hispanic Review* 15.1 (Spring 1996).

———. *Nación y mestizaje en Nicolás Guillén.* Havana: Ediciones Unión, 1982.

———. "Poesía de Caribe." *Revolución y cultura* 82 (1979): 56–57.

———, ed. *Recopilación de textos sobre Nicolás Guillén.* Havana: Casa de las Américas, 1974.

Paz, Octavio. *El signo y el garabato.* Mexico City: J. Mortiz, 1975.

Walker, Alice. *In Search of Our Mother's Garden: Womanist Prose.* San Diego: Harcourt, Brace, Jovanovich, 1983.

Young, Robert J. C. *Colonial Desire: Hibridity, Culture, and Race.* New York: Routledge, 1995.

Preludio

Prelude

Viento

Un círculo. Un duende. Un espejo.
Inmediatamente yo.
Desde aquel escaño tortuoso,
vienes en pos de mí.
    ¿Qué buscas
    bajo mi línea negra
    que se esconde
    aunque quisiera sostenerse?
No hay esperanza. No hay dolor.
Soy sin mí. Y vuelo contra ti,
viento,
que arrastras acaso lo inenarrable,
hacia tu ruido.

Wind

A circle. A *duende*. A mirror.
Suddenly I.
From that tortuous rail,
you come in pursuit of me.
    What are you searching for
    beneath my black profile
    which hides itself
    although it might wish to hold itself up?
There is no hope. There is no pain.
I am without myself. And I fly against you,
wind,
as you casually drag the ineffable
toward your outcry.

(*Translated by Heather Rosario Sievert*)

Rosa

Hablémosle,

nuestra es

su espina.

Rose

Let us speak to it,

ours is

its thorn.

(Translated by Heather Rosario Sievert)

Impresiones

El frío cala los pies
y esta premura de la rosa
nos conmueve, al nacer.
Estamos en una larga presa
y los papeles del universo giran
ante esas hojas de flamboyán
que dan sombra en verano.
Los enamorados se tumban en el sol
sobre el suelo de un yate,
mientras respiran con válvulas mojadas
por el soplo del mar
que viene desde el Sur.
Entra una brisa tímida
y nuestra oreja ríe para la eternidad.

Impressions

Cold penetrates our feet
and the rose's urgency
moves us, being born.
We are in a large dam
and the papers of the universe
whirl before those
flame tree leaves
that shade us in summer.
Lovers, struck by sun,
fling themselves
to the floor of a boat,
breathing with valves
moistened by sea wind
from the South.
A timid breeze appears
and our ear, it laughs for eternity.

(Translated by Kathleen Weaver)

Sofisma 2

a los alados troncos de
este bosque
se le han cortado las previstas hierbas
por lo tanto
no gritan
      o no cantan
se han reunido encima
de una cúpula rota
y ennegrecida

Sophism 2

at the winged trunks of
this forest
they have cut the foreseen grasses
for that reason
they don't scream
     or sing
they have come together on top of
a cupola
broken and blackened

(Translated by Heather Rosario Sievert)

Sofisma 3

claridad desnuda
    impura
que se ha vertido en lagos
y aquellos que se aman y trascienden
y los que pregonan el murmullo
    de los tuertos
los que se han paseado por
las calles de parís
    los que han mendigado
o han perecido
en cualquier plaza hindú
los que luchan con piedras en los ojos
y en el rostro insospechado
o esos que no tienen
ni sabor en los labios
    ni dentro de ellos
esos que no pueden mirarse
porque un espejo les señala el ser
horriblemente feos
los que señalan y señalan
    y señalan
que beban todo

Sophism 3

naked clarity
    impure
that has spilled in lakes
and those who are in love and transcend
and those who proclaim publicly the whisper
    of the wronged
those who have strolled through
the streets of paris
    those who have begged
or have perished
in whatever hindu square,
those who fight with stones in their eyes
and in their unsuspected faces
or those who have
taste neither on their lips
    nor within them
those who cannot look at themselves
because a mirror shows them a being
horribly ugly
those who show and show
    and show
may they absorb all

(Translated by Heather Rosario Sievert)

Sofisma 4

el viento anda y vuela sobre mi cabeza
incógnita
     y no conduce sino a
mis propias huellas duras pesadas
vuela
        y
     anda
anda y vuela
y logro apenas sentirlo dentro
encima de mi cabeza
         inquieta de angustias
de lodos
     de sombras
         de colores
            de miedo
no afectada por otra cosa
más que por castidades malditas y locuras
oscuras
     inanimadas
         no cabe nada más en ella
no puedo . . . no puedo

Sophism 4

the wind goes and flies over my head
unknown
        and it does not lead but to
my own hard heavy tracks
it flies
                and
        goes
and goes and flies
and i hardly manage to feel it within
above my head:
                troubled by anxieties
of mud
        of shadows
                of colors
                        of fear
not affected by another thing
more than by cursed chastity and madness
obscure
        inanimate
                nothing more fits in it
i cannot . . . i cannot

(Translated by Heather Rosario Sievert)

Sofisma último

yo no quisiera
que ninguno de mis semejantes
muriese
sólo porque pueda disfrutar
(dis-fru-tar)
de mis funerales regios
irían a enterrarme
mis mejores amigos
no a ensalzarme
        como hicieron a césar
y dirían
        era mi amiga
        justamente sincera
        y buena para mí
y yo desde mi tumba
simplemente
haré
mutis
sobre mi epitafio solemne

Last Sophism

i would not like
that any one of my peers
would die
only because she might enjoy
(en-joy)
my royal funerals
my best friends
they would go to bury me
not to praise me
    as they did to caesar
and they would say
    "she was my friend
    perfectly sincere
    and good for me."
and from my grave i will
simply
make
my exit
after my solemn epitaph

(Translated by Heather Rosario Sievert)

Mis lobos y tus pájaros

Tú, ¿pudieras encontrarte repentinamente
    con eso que admitimos?
    ¿Sabrías interpretarte tal cual eres?
(te queda despedir de tu conciencia
mis lobos y tus pájaros
en un impulso famélico y voraz . . .)
Un vaso de agua seca hierve
y forma un lago tibio
    al igual
    que tus ojos
al igual que tus ojos se hiela
y forma un *iceberg* blanco
como el mar del crepúsculo.

My Wolves and Your Birds

You, could you face yourself spontaneously
    with that which we allow?
    Would you know how to understand what you are?
(it remains for you to take leave of your conscience
my wolves and your birds
in an impulse starving and voracious . . .)
A glass of dry water boils
and forms a warm lake
    just like
    your eyes
it freezes just like your eyes
and forms a white iceberg
like the twilight sea.

(Translated by Heather Rosario Sievert)

Tríptico

I

Contemplo estos edificios hechos natas blancas y blandas, aburridas a veces, que increpan a este esbozo de vista mía. Y todo se inmiscuye, se adentra en los redondos humos de la fábrica más contigua . . . para asemejárseme a gaviotas sin vuelo, sin medida, con sentimientos tenues derretidos por el mar.

Es el mar simple que derrota a la tierra. La tierra que lucha contra sí misma: se agita y el mar la vuelve a derrumbar y a despejar. Y sin embargo se empequeñece el mar ante los hombres . . . los más fieles quedamos atraídos por la espuma de este cuerpo sincero y bueno . . . los más fieles nos conformamos con sus súplicas, con el privilegio de saber que es en el cuerpo del mar donde la tierra guarda las más dulces lágrimas vertidas por nosotros: sus hijos. Nos atrincheramos en las costas a bajo relieve, en espera del campanario más intenso y menos oído que es la conciencia de las satisfacciones. Los otros sólo vuelven las espaldas perfumadas y débiles hacia los oscuros ciclones; sus cuerpos se nos tienden en brillante acercamiento, nos tocan y nos entumecen los rostros: pero no hay comparaciones ni rezos. Ya no saben controlar las aves gigantescas sus cuerpos pestilentes. A instantes, su pellejo no huele más que a sal: sal: agua: sal.

. . . Los más fieles no le reprochamos las grandes cantidades salinas ni los miles de puntos que comen sus pestañas suavemente; nos sentimos satisfechos con ser sus amigos de infancia: carecemos de eso que llaman imagen real de lo que nos circunda.

Contemplo ahora a los más fieles que quedan ante el cuerpo salado de este cuerpo. Y veo naturalmente los tantos ahogados de este mar con agua y sin espacio . . . y las natas dejan de ser blancas para tornarse grises, con sus lágrimas vueltas luces de polvo y de eterna ciudad.

II

Solían cantarse las naves a lo lejos. Bajábanse las frondas que en su tosco llorar entrevistaban brazos y cadenas sin vida. Lográbanse tejer

Tryptich

I

I contemplate these buildings turned into soft white cream, bored at times, that chide this rough sketch of my sight. And everything mixes, and penetrates into the circles of smoke from the nearest factory . . . to make them seem to me like seagulls without flight, without measure, with tenuous feelings liquefied by the sea.

It is the simple sea that breaks up the earth. The earth that fights against itself: it stirs itself up and the sea crumbles it away and clears it. And nevertheless the sea makes itself smaller before men . . . the most faithful of us remain attracted by the spray of this sincere and good body . . . the most faithful of us conform to its petitions, with the privilege of knowing that it is in the body of the sea where the earth guards the sweetest tears we have spilled: its children. We entrench ourselves on the bas-relief coast, waiting for the most intense and least heard bell chiming, the conscience of satisfaction. The others only turn their perfumed and weak backs toward the dark cyclones, their bodies stretch out to us in brilliant proximity; they touch us and they make our faces swell; but there are no comparisons nor devotions. The giant birds no longer know how to control their pestilent bodies. Once in a while, their skin smells only of salt: salt: water: salt.

. . . The most faithful of us do not reproach the great salty quantities nor the thousands of dots gently consumed by their eyelashes; we feel satisfied with being childhood friends: we need the thing they call the real image of what surrounds us.

I contemplate now the most faithful who remain at the salty body of this body, and I see naturally the many who were drowned by this sea, with water, without space . . . and the white cream ceases being white, turning gray, with its tears turned into powdery lights of an eternal city.

II

The ships used to sing in the distance. The fronds, crouched in their rustic weeping, interviewed arms and chains without life. They

los noctámbulos besos en pos de mi existencia. Una luna despertaba las blancas impurezas de las gentes, y mis amigos me trotaban en una pelusilla adorablemente rara, que se escapaba . . . y este cielo verdoso me ha obligado a cerrar los labios entumecidos sin darle rienda suelta al compromiso estéril de congregar rocas de cera.

Han de morir los campos en las nieves. He de pisar éstas tan pronto como su espejismo no cometa el mismo pecado de jurarme su luz. Se me han herido los ojos de un látigo de sombras y campanas, y mi cansancio cruel se ha destronado al darle paso a sus invictos huesos. Pero la noche agolpa su silencio . . . y quedará culpable.

III

. . . los rostros más llorosos habrán de despedir lagunas de fantasmas que surgirán dentro de una mañana seca. En la noche cercana, habrán de reflejar el recuento más sincero de aquellos bellos tiempos que se han ido perdiendo en espléndidas horas para asistir de nuevo al evento de los pasos, los muros encendidos, las brisas marinas y el tumulto . . .

Enteramente, he decidido tenderme en un suspiro y viajar hasta los escombros más altivos de una ciudad en ruinas. Mas heme allí, acusada por los vidrios de esa ciudad y sus aceras.

Un rostro me ha nombrado sin conocer lo estricto de una apelación ni lo corto de una respuesta. Me espera. Me aguarda. Me hiere. Mas las gentes se detienen y no pasan, solamente se paralizan y no me miran; no les intereso. He devenido su sombra escasa. El agua me ha llegado hasta la cabeza, y allí se mezcla con canciones típicas de patria, con unos fuegos negros impregnados de valses, y allí se ha congelado, súbitamente. No hay por qué quejarse: a mí me ha purificado la cabeza totalmente grande y misteriosa; los vidrios han llegado hasta la ciudad de mis ojos para fingirme estar en desacuerdo con la vida capital. Pecados . . . yo afirmo que a veces se confunden y una no tiene más.

Han descendido los vientos de una puerta; mas yo resto.

managed to weave the nocturnal kisses in pursuit of my existence. A moon awakened the white impurities of the people, and my friends hustled me into an adorably rare light fuzz, which was making its escape . . . and this verdant sky has obliged me to shut my stiffened lips without giving free rein to the sterile compromise of assembling rocks of wax.

The fields have to die in the snows. I have to trample these as soon as their mirage does not commit the same sin of promising me their light. My eyes have been hurt by a whip of shadows and bells, and my cruel fatigue has been displaced by my invincible bones. But night crowds together its silence . . . And night will remain guilty.

III

. . . the most tearful faces will bid farewell to ghostly lagoons that will rise up from a dry morning. In the approaching night they will reflect the most sincere chronicle of beautiful times that have gotten lost in splendid hours, to attend again the event of the steps, the burning walls, the sea breezes, and the crowd . . .

I have decided to stretch myself out entirely in a sigh and to travel up to the most elevated debris of a city in ruins. But I am there, accused by the windows of that city and its sidewalks.

A face has named me without knowing the severity of an appeal nor the shortness of an answer. It awaits me. It watches me. It wounds me. But the people linger and do not move, they only become paralyzed and don't look at me; I don't interest them. I have become their scant shadow. The water has reached up to my head, it has mixed itself with typical homeland songs, with some black fires saturated with waltzes, and there it has suddenly frozen. There is no reason to complain: greatly and mysteriously, my head has been totally purified; windows have reached the city of my eyes pretending to disagree with the capital life. Sins . . . I affirm that sometimes they are confused and one has no more.

Winds have come down from an entryway; but I remain.

(Translated by Heather Rosario Sievert)

El aluvión

Las cosas en mí
como el aluvión inesperado.
La sopa hierve
junto al tronco encendido
de estos días.
¿Qué sustancia viscosa
implanta su hermosura
entre los mosaicos del piso?
Llueve en la tarde triste
y una espuma batiente
brota de la página usada
para saciar el corazón.
Las esquinas del barrio
relinchan desdichadas
en nombre de las piedras
que surcaron océanos
ahora mecidos
sobre las balaustradas.
Fervor entonces
de la lluvia y la sopa,
fervor del hombre preso
en su propia costilla,
imagen de los copos impíos . . .
Una piña va a estirar su corona
hasta llegar a las estrellas.

Alluvion

Things in me
like an unexpected alluvion.
Soup boils
by the burning trunk
of these days.
What viscous substance
implants its beauty
between the mosaics of the floor?
It rains in the sad afternoon
and a stinging spray
leaps from the worn page
to satiate my heart.
The corners of the *barrio*
neigh, wretched
in the name of the stones
that furrowed oceans,
now are cradled
on balustrades.
Fervor then
of the rain and of the soup,
fervor of the man
imprisoned in his own ribs,
image of the evil wooden stocks . . .
A pineapple lifts its crown
as high as the stars.

(Translated by Kathleen Weaver)

La ciudad expuesta

The City Exposed

I

La ciudad expuesta

Al morir el alba esta ciudad chata, expuesta . . .
Aimé Césaire

Dentro de los márgenes de las aceras,
bajo los hábitos de una canción de esquina,
en el rumor de los pregones de los mundos,
habita el corazón de la ciudad, teñida de esperanza.
Un vientecillo oscuro y gentil comprende
las miradas de los hombres que carpintean, que atraviesan
las calles y miran los cabellos:
Los carpinteros trabajan con los cabellos enredados,
llenos de fuego, y entre sus ojos hay, de nuevo,
otra vez, la ciudad que apacigua los árboles.

Es ésta la ciudad que por primera vez nos ama
y que por última nos donará el regalo preciso de sus labios
y su sonrisa y los pasos de los colegiales que
        declaman al partir a la escuela.
Ya por demás hay sol en la ciudad y no hay tormenta.
Quizás el humo que levantan los cigarrillos y las fábricas,
las líneas de los automóviles, la vista de los comercios,
los vidrios y los guardas, y yo me siento tenue como
si anduviese por la faz de esta ciudad impregnada de lágrimas,
bendecida por lágrimas.
Esta ciudad con sus olas doradas, tan desprendida
como un septiembre pardo y lamentable.

I

The City Exposed

At the dying of the dawn this flat city, exposed . . .
                               Aimé Césaire

Within the edges of the sidewalks,
beneath the vestments of a corner song,
in the noise of the hawkers of the worlds,
lives the heart of the city, colored by hope.
A dark gentle wind understands
the glances of the men who work the wood, who cross
the streets and look at their hair
the carpenters work with their hair netted
full of fire, and within their eyes, there is again,
once more, the city which pacifies the trees.

This is the city that for the first time loves us
and that at last gives us the necessary gift of its lips
and its smile and the steps of the students
        who shout upon leaving school.
Now, in vain, there is sun in the city and there is no storm.
Perhaps the smoke that the cigarettes and the factories send up,
the lines of automobiles, the sight of businesses,
the glass panes and the locks, and I feel insignificant as
if I wandered on the face of this city pregnant with tears,
blessed by tears.
This city with its golden waves, so detached
like a dark and deplorable September.

(Translated by Heather Rosario Sievert)

Los buenos días

Los buenos días resultan aquí cándidos
porque devienen flores;
encuentran la vejez como los nichos sus sombras.
Y las mamparas huecas: reja y medio punto
por este cielo joven.

La mañana

se encierra en las iglesias, en los parques.
En las casas más simples los buenos días son ávidos:
"—¿Cómo va la señora de Pérez? ¿Le fueron bien
los linimentos? Me alegra que su hijo estudie hoy
el binomio de Newton, buenos días . . . Había olvidado
de qué color tienen los ojos las honduras marinas . . .
señora, la bodega me espera."

La mañana

en mis sentidos vuelven a sentirse las cúpulas del Cerro viejo;
mis ojos que contemplan todo enmudecen de aleros, la paz
señalando los cinco dedos del vendedor que acaba de pasar,
me confirman que huele el silencio del suelo, de la tierra;
nunca sospeché el tiempo frente a los buenos gestos de alegría.

La mañana

has acabado la limpieza de tu amada, en tu techo tibio,
de maderas flojas, paralelas al canturreo como la siesta.

The Good Days

The good days happen here naively
because they become flowers;
they find their old age like grooves find their shadows.
And the hollow screens; adorned and arched over
by this young sky.

The morning

secludes itself in the churches, in the parks.
In the more simple homes the good days are eager:
"—How is Mrs. Pérez? Did the liniments
do some good? I am happy that your son is studying today
Newton's binomial theorem, good day . . . I had forgotten
what color eyes marine depths do have . . .
Madam, the store awaits me."

The morning

in my senses the cupolas of the old Cerro are felt again;
my eyes, which contemplate everything, are silenced by eaves, peace
signaled by the five fingers of the vendor who just passed by,
confirm for me that silence smells of soil, of earth;
I never mistrusted time facing the good-humored gestures of
    happiness.

The morning

you have done away with the chores of your beloved, on your warm
    roof,
of loose boards, parallel to the soft singing like the *siesta*.

(*Translated by Heather Rosario Sievert*)

Las horas comunes

Mi corazón y los papeles de la mesa vuelan.
Mi corazón y el latido de una bestia en interiores,
como si corriera de sitio en sitio, para hacer
que cada noche, un nuevo ropaje descubra la frente
de los desamparados, de los hambrientos.

Mi corazón y la ciudad que permanece en equilibrio
con todos sus vapores.
Mi corazón y claramente
los años se posan en las alas de aquel café de barrio;
los cafés pululan en mis nervios y mi tía negra
ve cómo los muertos escupen los diarios trajines
y establecen amistad con los granos de tierra.

Mi corazón y he bebido en el mismo licor de una botella,
fresca y ágil, que al final rozara mi garganta.
Mi corazón y mi garganta, atados ambos
por las horas comunes.

The Common Hours

My heart and the papers on the table fly.
My heart and the heartbeat of a beast deep within,
as if it were running from place to place to assure
that each night, a new cloth might expose the countenance
of the forsaken ones, of the starving.

My heart and the city which remains in balance
with its fumes.
My heart and clearly
the years settle on the wings of that neighborhood *café*;
the *cafés* swarm in my nerves and my black aunt
sees how the dead spit out the daily chores
and establish friendship with the grains of the earth.

My heart, and I have drunk the same liquor from a bottle,
fresh and light, that in the end will clear my throat.
My heart and my throat both linked
by the common hours.

(Translated by Heather Rosario Sievert)

Pudiera

pudiera yo quebrar cualquier
travesura de un niño callejero
de esa calle que nunca está iluminada de flores
pudiera hablar de mi país
y sus alcances
     sin temblarme la voz
o sentir gotas de agua entre mis manos
súbitamente tengo que hablar
de mis temores a no convertirme en eco
o tal vez creer que la vida se cierne
     en mí misma

I Might Have Been Able

i might have been able to interrupt any
mischief of a street child
from that street which is never brightened by flowers.
i might have been able
to speak of my country
and of its scope
      without my voice trembling
or feeling drops of water between my hands
at once i must speak
of my fears of not becoming an echo
or perhaps of believing that life hovers
      in myself.

(Translated by Heather Rosario Sievert)

she who is African, but of Caribbean origins, a sort of stranger in her country.

again the poet is tearing. She needs to overcome the fear of not being able to raise her voice strong to reach the point and sing about the past. She needs to be able to overcome the fear of turning in echo, a sound in thread in a remote and past moment that was not that a strong effect in the present. She needs to assume the fear that she is not able to sing a gentle—

97

Ritornello

la ronda de los niños comienza
a penetrar en los árboles
y el
viento amenaza con distinguirlos
de las aguas del mar

los niños de la ronda comienzan
a penetrar en los vientos
y el
árbol los distingue
de las aguas del mar

Ritornello

the children's circle begin
to penetrate the trees
and the
wind threatens to distinguish them
from the waters of the sea

the circle's children begin
to penetrate the winds
and the
tree distinguishes them
from the waters of the sea

(Translated by Heather Rosario Sievert)

II

Restos del *Coral Island*

"Esa chatarra que se ve en la orilla
son los restos del *Coral Island*,"
decía mi padre
hechizado por las columnas de luz blanca
que levitaban de los huecos rojizos
que tal vez sirvieron de anteojos
a la proa de ese gran transatlántico
que dice mi padre era el *Coral Island*.
Vamos sentados en un ómnibus cotidiano,
rápido y caluroso como este mes de julio de 1986.
No quise preguntarle porque me dio un vuelco el corazón.
Un zumbido de mariposas también me impidió hacer preguntas.
Mi padre me miró de un modo peculiar.
¿Habíamos entrado los dos
a reconocernos en aquel himno del pasado?
Mi padre y yo mirándonos sin decir nada.
Yo sólo tenía oídos para escuchar el chirriar de las olas
contra los hierros tutelares del *Coral Island*.
Y pensé en una historia de amor,
en una pasión desmoronada sobre dientes de perro y
espuma de mar.
Una loca pasión bien muerta,
fenecida,
de la que ni siquiera se desprende ya
una columna de luz blanca
ni el portento a la vista que se llamó,
alguna vez, el *Coral Island*.
"Esa chatarra que se ve en la orilla
son los restos del *Coral Island*,"
decía mi padre sin mirarme.

II

Remains of the *Coral Island*

"That heap of scrap you see on the shore
is the remains of the *Coral Island*,"
said my father
struck by the columns of white light
which arose from the reddish holes
that perhaps served as lookout posts
on the prow of that big transatlantic boat
which according to my father was the *Coral Island*.
We are sitting in a daily-run bus,
fast and hot, like this month of July 1986.
I refused to ask him, for it made my heart throb.
A buzzing of butterflies also prevented me from asking questions.
My father stared at me in a strange way.
Had we both come
to recognize each other in that hymn from the past?
My father and I staring at each other in silence.
I was only listening for the screeching of the waves
against the protective steel of the *Coral Island*.
And I thought about a love story,
about a passion worn out on a jagged cliff and sea surf.
A really dead wild passion,
perished,
from which not even the column of white light
nor the marvel that was once called the *Coral Island*
is now visible.
"That heap of scrap you see on the shore
is the remains of the *Coral Island*,"
my father said again, without looking at me.

(Translated by Gabriel Abudu)

Mujer con pescado

A la memoria del pintor Luis Martínez Pedro

A la vista, una mujer oscura
que se avecina
con un solo pescado.
Lo trae prisionero en el puño
como para evitar que se le escape del horno
el último de los mohicanos.
A simple vista, sus cinco dedos
son una jaula grande para el pescado
quien, con un ojo alerta, va cabeceando
y aleteando y soñando con chorros de algas vivas
y largos delfines y nelumbios
desde un fondo azul marino con muelle milenario
por donde transitar
hasta que el cándido pero implacable anzuelo
lo reconozca y lo intercepte
en medio del camino hacia las orillas de Cayo Hueso
sobre cuya arena languidece una puesta de sol
y un óleo con palmeras de Gregorio Valdés.

Woman with Fish

To the memory of painter Luis Martínez Pedro

In the distance, a dark woman
who is approaching
with only one fish.
She holds it prisoner in her fist
as if to prevent the last of the Mohicans
from escaping the oven.
At first sight, her five fingers
form a large cage for the fish
which, with its eyes alert, goes nodding its head
and fluttering and dreaming about torrents of live seaweed
and long dolphins and *nelumbios*
from the navy blue depths holding an age-old pier
where it could swim around
until the innocent but implacable hook
recognizes it and intercepts it
on its way to the shores of Key West
on whose sand languishes a sunset
and an oil painting with palms by Gregorio Valdés.

(Translated by Gabriel Abudu)

Marina

Frente a los barcos
fondeados,
hay una cartomántica
que espera la opción cero
y pone su pamela
sobre el muro del malecón.
Pasa un coche tirado
por un caballo flaco
frente a los barcos
fondeados.
La cartomántica vuelve la cabeza
y ve los ojos del caballo flaco
sin jinete y sin rumbo,
frente a los barcos
fondeados.
Hay un caballo flaco
y una mujer que aguarda
la caída de la tarde,
sin una dalia entre las manos,
frente a los barcos
fondeados.

Seascape

By the anchored
boats,
there is a fortuneteller
awaiting the zero option
who puts her broad-brimmed hat
on the wall of the *malecón*.
A carriage passes by, drawn
by a thin horse,
by the anchored
boats.
The fortuneteller turns around
and meets the eyes of the thin horse
without rider and without direction,
by the anchored
boats.
There is a thin horse
and a woman waiting for
nightfall,
without a dahlia in her hands,
by the anchored
boats.

(Translated by Gabriel Abudu)

Cotorra que atraviesa Manrique

A Chiqui Salsamendi

De súbito, una cotorra mínima
va a desplazar su pico por la calle Manrique
y la despavorida, ronronea, dando palos de ciego,
tal vez buscando algún destino.
Los verdes y los azules de su cuello
estallan frente a las zanahorias,
el berro y las lechugas.
Dos negras se aproximan,
desde la multitud,
en un vaivén de hamacas vivas,
columpiadas por el viento del Golfo.
Un vendedor de periódicos
apenas puede pregonar,
absorto ante el fulgor de la cotorra
y la belleza natural de las negras.
La calle Manrique es un boceto de Landaluze
y se detuvo el vendedor
como alguien que acaba de descubrir todo un zoológico.

Parrot Crossing Manrique Street

For Chiqui Salsamendi

Suddenly, a tiny parrot
sets off wiggling its beak along Manrique Street
and the terrified parrot purrs, fluttering about wildly,
perhaps looking for some destination.
The green and blue colors of its neck
brighten up at the sight of the carrots,
the watercress and the lettuce.
From among the crowd,
two black women approach,
swaying like living hammocks,
rocked by the winds of the Gulf.
A newspaper vendor
struck by the splendor of the parrot
and the natural beauty of the black women
can barely hawk his wares.
Manrique Street is a sketch by Landaluze
and the newspaper seller stopped
like one who has just discovered an entire zoo.

(Translated by Gabriel Abudu)

Ante un espejo

A Sonia Rivera Valdés

Si decidieras irte de la ciudad,
de tu ciudad,
en busca de nuevos horizontes,
de fortuna
o tal vez de una pasión sin precedentes,
la ciudad, esta ciudad,
aún inconsciente de sus ruinas,
emprenderá tu acecho
siguiéndote los pasos.
Alguna tarde cálida
(tú sobre los puentes
de algún río caudaloso pero ajeno)
nuestra ciudad sepultará,
bajo un aroma extraño,
los años transcurridos
antes y después de Cristo.
No hay otro país, ni otra ciudad posibles.
Cuando haya amanecer, no habrá crepúsculo.
Si los parques florecen
cundidos de tulipanes firmes,
entonces el bulevar trae los olores
de tus seres queridos
y, sobre todo, de tus muertos.
Si decidieras irte,
el puerto y las bahías
y los Jardines de la Reina
te escoltarán con sus vapores.
Recorrerás los mismos pasadizos,
los barrios arcaicos del estruendo
con la indolencia de sus bares;
no valdrá un solo verso de Blaise Cendrars
y hasta los mismos cuartos de tu casa sellada
te cercarán con la angustiosa cadencia del engaño.
A donde quiera que te muevas
escucharás el mismo pregón de la mañana;

In Front of a Mirror

For Sonia Rivera-Valdés

If ever you decide to leave the city,
your city,
in search of new horizons,
of fortune
or perhaps of an unprecedented passion,
the city, this city,
still unaware of its ruins,
will begin to stalk you
following your steps.
Some hot afternoon
(when you are on the bridges
of some large, famous, but distant river)
our city will bury,
under a strange fragrance,
the years which went by
before and after Christ.
There is no other possible country or city.
Whenever there is daybreak, there shall be no sunset.
If the parks blossom
overflowing with fresh tulips,
then the boulevard brings in the scents
of your loved ones
and, above all, your dead ones.
If ever you decide to leave,
the port and the bays
and the Jardines de la Reina
will escort you with their boats.
You will pass through the same passageways,
the old, noisy neighborhoods
with their indolent bars;
a single verse of Blaise Cendrars will not do
and even the very rooms of your sealed home
will stalk you with the anguished cadence of disappointment.
Wherever you go
you will hear the same morning call;

te llevará el mismo barco andando por la misma ruta
de los perennes emigrantes.
Nada podrá depositarte en ningún sitio.
Aunque hayas monteado el mundo entero,
de castillo en castillo,
de mercado en mercado,
ésta será la ciudad de todos tus fantasmas.
Habrás desgastado tu vida un poco inútilmente
y cuando ya estés vieja,
ante un espejo como el de Cenicienta,
sonreirás algo triste
y en tus pupilas secas
habrá dos rocas fieles
y una esquina sonora de tu ciudad.

the same boat will take you along the same route
of the eternal emigrants.
Nothing will be able to settle you anywhere.
Even if you have traveled through the whole world,
from castle to castle,
from market to market,
this will be the city of all your ghosts.
You will have wasted your life somewhat in vain
and when you get old,
before a mirror like Cinderella's
you will smile somewhat sadly
and in your dry pupils
there will be two faithful rocks
and a resonant corner of your city.

(Translated by Gabriel Abudu)

Ana Mendieta

Ana era frágil como el relámpago en los cielos.
Era la muchacha más frágil de Manhattan,
iluminada siempre por las lluvias de otoño,
calcinada su historia en las más tristes celosías.
Desde un balcón, Ana abría las ventanas
para asomarse a ver la multitud pasar.
Eran siluetas como de arena y barro
caminando sobre sus pies. Eran siluetas
como un ejército de hormigas silenciosas,
dispersas en el viento perenne de Cuaresma
o en una madriguera de cristal.
Ana adoraba esas figuraciones
porque le traían remembranzas,
viejas, sonoras, dulces remembranzas
de cierto callejón del Sur, en el Vedado.
Ana, lanzada al vacío.
Ana nuestra de la desesperanza,
esculpida tú misma en el cemento hostil de Broadway.
Un desierto, como el desierto
que encontraste en los orfelinatos,
un desierto amarillo y gris te alcanza
y te sujeta por los aires.

Bajo el balcón de Ana, pasan los trenes apurados
como pasaba el agua por las acequias de otro tiempo
atravesando aquel pueblito extraño
de los álamos verdes y el farol encendido.
Sobre el balcón de Ana, de noble vocación habanera,
vuelan las mariposas tutelares,
vuelan las simples golondrinas que emigran
como es usual, como se sabe, como es costumbre
en las vastas ciudades enardecidas de confort y de espanto.

Ana, una golondrina está revoloteando sobre tu pelo negro
y el candor de ese vuelo presagiaba tu muerte

Ana Mendieta

Ana was fragile like lightning in the skies.
She was the most delicate girl in Manhattan,
always brightened by the fall rains,
her story scorched in the saddest of shutters.
From a balcony, Ana opened her windows
to lean out and watch the crowd pass by.
They were like silhouettes of sand and mud
walking on their feet. They were silhouettes like
an army of silent ants,
scattered in the unending wind of Lent
or in a glass burrow.
Ana adored those shapes
for they brought her remembrances,
old, resounding, sweet remembrances
of a certain narrow street in the South, in El Vedado.
Ana, cast into emptiness.
Our Ana of despair,
yourself sculpted into the hostile cement of Broadway.
A desert, like the desert
you encountered in the orphanages,
a yellow and gray desert reaches for you
and holds you in the air.

Below Ana's balcony, the trains pass by hurriedly
like water used to flow through the channels of another era
crossing that strange little town
with the green poplar trees and the bright street lamp.
Above Ana's balcony, of noble Havana calling,
the protective butterflies flutter about,
the innocent migrating swallows fly away
as usual, as is known, as always
in the vast cities blazing with comfort and terror.

Ana, a swallow is fluttering its wings over your black hair
and the innocence of that flight predicted your death.

Ana

Una golondrina de arena y barro.

Ana

Una golondrina de agua.

Ana

Una golondrina de fuego.

Ana

Una golondrina y un jazmín.

Una golondrina que creó el más lento de los veranos.
Una golondrina que surca el cielo de Manhattan
hacia un norte ficticio que no alcanzamos a vislumbrar,
o a imaginar, más al norte aún de tantas vanas ilusiones.
Ana, frágil como esas crucecitas vivas
que anidan en la cúpula de algunas iglesias medievales.
Ana, lanzada a la intemperie de Iowa, otra vez.
Una llovizna negra cae sobre tu silueta.
Tus siluetas dormidas nos acunan
como diosas supremas de la desigualdad,
como diosas supremas de los nuevos peregrinos occidentales.
Ana sencilla. Ana vivaz.
Ana con su mano encantada de huérfana.
Ana durmiente. Ana orfebre.
Ana, frágil como una cáscara de huevo
esparcida sobre las raíces enormes de una ceiba cubana
de hojas oscuras, espesamente verdes.

Ana, lanzada al vacío.
Ana, como un papalote planeando
sobre los techos rojos de las casonas del Cerro antiguo.
Ana, qué colores tan radiantes veo
y cómo se parecen a ciertos cuadros de Chagall

Ana

A swallow of sand and clay.

Ana

A swallow of water.

Ana

A swallow of fire.

Ana

A swallow and a jasmine.

A swallow that the slowest of all summers created.
A swallow that plows through the Manhattan skyline
toward a fictitious North which we can never glimpse,
or imagine, further north still of so many empty illusions.
Ana, fragile like those bright little crosses
nestling in the domes of some medieval churches.
Ana, cast into the inclement Iowa weather, again.
A dark drizzle falls over your profile.
Your sleeping silhouettes rock us
like supreme goddesses of inequality,
like supreme goddesses of the new western pilgrims.
Simple Ana. Lively Ana.
Ana with her charming orphan hand.
Sleeping Ana. Ana goldsmith.
Ana, fragile like an eggshell
scattered over the enormous roots of a Cuban silk-cotton tree
with rich, dark green leaves.

Ana, cast into emptiness.
Ana, like a kite gliding
over the red roofs of the big houses of the old Cerro.
Ana, what brilliant colors I see
and how closely they resemble certain paintings of Chagall

que te gustaba perseguir por cualquier galería
de la Tierra.
Tus siluetas, adormecidas,
van empinando el papalote multicolor
que huye de Iowa bordeando los cipreses indígenas
y va a posarse sobre las nubes ciertas
de las montañas de Jaruco en cuya tierra húmeda
has vuelto a renacer envuelta en un musgo celeste
que domina la roca y las cuevas del lugar
que es tuyo como nunca.

whom you liked to pursue through any gallery
on Earth.
Your sleepy silhouettes
are raising the multicolored kite
which flees from Iowa along the native cypress trees
and then settles on the steady clouds
of the mountains of Jaruco in whose moist soil
you have been reborn, wrapped in a celestial moss
that covers the rock and the caves of the place
that is now yours as never before.

(Translated by Gabriel Abudu)

Dibujo

En las afueras de la ciudad,
hay un camino estrecho y polvoriento;
seco, extrañamente seco, y, por ello mismo,
el polvo
es más fosforescente:
                    un polvo seco
que se adentra en los humores del cuerpo.
Una jungla adversa aparece;
el poeta la divisa, o, mejor dicho, quiero decir,
divisa
a la negrita escuálida que se agarra al tubo de la ruta 7
como queriendo resistir todos los embates de este
momento;
resistiendo a los golpes mortales sin más ni más.
Yo hablaba de una jungla adversa y me faltó decir
que es verde, de un verde botella, de un verde mar,
de un verde *aqua,* de un verde cauce,
            monte de cristal verde ahumándose.
Aun así, San Francisco de Paula, has entrado en mi corazón.
Tu rara presencia y tu follaje intenso de invernadero
me recuerdan la aspiración precisa de Ernest Hemingway
quien tal vez vio en tu fronda un remedo interior
de los bosques de Michigan.
"¿Cómo serán los bosques de Michigan?,"
se pregunta la escuálida negrita
que se desplaza para tomar un asiento libre,
el único asiento libre de todo el mediodía.
La pregunta es ociosa porque los verdes
de San Francisco de Paula los sustituyen
y los vencen en su manifiesto fulgor.
        El asunto es
que este es un dibujo, casi un daguerrotipo.
El universo de Hemingway y el de la negrita son diferentes
pero han transcurrido en un mismo escenario terrestre
        donde lo que cuenta
es el deseo de vivir
de vivir
a pesar
de

Drawing

On the outskirts of the city
there is a narrow dusty road;
dry, strangely dry, and precisely because of that,
the dust
is more luminescent:
                a dry dust
that penetrates the fluids of the body.
A hostile jungle appears;
the poet senses it, or rather, I mean,
he sees
the squalid black girl grasping on to the Route 7 bus
as if she were resisting all the onslaughts of this moment,
simply resisting the mortal blows.
I was talking about a hostile jungle and I forgot to say
that it is green, bottle green, sea green,
water green, stream green,
     a forest of green glass engulfed in smoke.
Even so, San Francisco de Paula, you have entered my heart.
Your rare presence and your thick greenhouse foliage
remind me of the very aspirations of Ernest Hemingway
who perhaps saw in your foliage a copy
of the Michigan forests.
"What must Michigan forests be like?"
the squalid black girl asks herself
as she makes her way to take a free seat,
the only free seat all afternoon long.
The question is pointless for the greeneries
of San Francisco de Paula take their place
and surpass them in their bright splendor.
    The fact is
that this is a drawing, almost a daguerreotype.
Hemingway's universe and the black girl's are different
but they have transpired in the same earthly stage
    where what matters
is the desire to live
to live
in spite
of

(Translated by Gabriel Abudu)

El café de los poetas

Llega el néctar negro de los antillanos
colándose entre las hendijas y los azulejos ilustrados
del viejo café de los poetas. Un sentimiento muestra
la inquietud del camarero, desnudo, con una servilleta
sobre el brazo, y se escucha la canción de Patricio Ballagas
que viene desde una consola negra, frente al café,
puesta en el borde (hacia dentro) de una ventana
de la ciudad.
      Un abanico y un laúd cierran el paso de las mulas.
Así es el pensamiento y su fragancia en el alma de Teofilito.
Oigo la alarma de los bomberos:
      un secular incendio
anuncia la convergencia de dos épocas: mantones de Manila
y carteles desmayados de Muñoz Bach apenas sobre el frontón de
    este café.
En esta ciudad ya no hay ningún café para poetas, ni para ti,
ni para los dos trovadores que irrumpen invocando
la imagen de Santa Cecilia
mientras tocan su tres y su laúd,
ni para el miliciano sediento
pero en eso llega la sombra chinesca de Julián del Casal
que se sienta a tejer en una comadrita desahuciada.
Es un océano de termitas todo el entrave de vigas altas
desde el techo mugriento
pero la comadrita sigue meciéndose
y pasa un cochero con *smoking* sonando su cencerro
en un coche de lunas raídas,
balbuceando aquella melodía napolitana
torna a Sorrento
y hay una luz blanca como siempre
vertiginosa, poderosa, flamante, para siempre,
que invade el tibio anhelo de los poetas
que nos reunimos donde ya no hay nada sino los poetas mismos
     y sus versos

The Poets' *Café*

The black nectar from the Antilles arrives
filtering through the cracks and the decorated tiles
of the poets' old *café*. An emotion reveals
the anxiety of the waiter, naked, with a napkin on
his arm, and one hears the song of Patricio Ballagas
coming from a black console, opposite the *café*,
placed on the inside of a windowsill
of the city.
      A fan and a lute close the mule path.
Such is the thought and its fragrance in the soul of Teofilito.
I hear the firemen's siren:
      an age-old fire
proclaims the convergence of two eras: Manila silk shawls
and faded posters by Muñoz Bach partly covering the pediment.
In this city there is no longer any *café* for poets, nor for you,
nor for the two troubadours suddenly invoking
the image of Saint Cecilia
as they play their *tres* and their lute,
nor for the thirsty militiaman
but at that moment the Chinese-like shadow of Julián del Casal
   arrives
and sits down in a worn out chair to knit.
From the filthy ceiling
the entire web of tall beams is an ocean of termites
but the chair goes on rocking
and a coachman dressed in a smoking jacket passes by, jingling his
   bells
in a carriage with faded glasses,
muttering a Neapolitan tune
torna a Sorrento
and as usual there is a white light
forever dizzying, powerful, flaming,
that invades the warm longing of us poets
who are gathered where there is now nothing but the poets
   themselves
      and their verses

y el olor del néctar negro de los braceros y de los cortadores de
    caña.
No estoy mirando ningún grabado de Laplante, ningún
aguafuerte de Elías Durnford.
No estoy frente a ninguna catarata del norte frío
sino frente a una cascada de metáforas
y vuelvo a mecerme dentro de un cuaderno escolar cuyas hojas
    amarillas,
fileteadas de oro,
      me acompañan
rodeadas de luz y de poetas sin mesas, sin sillas, sin café,
hasta que el lente del turista aparece y nos detiene
ante la eternidad reencontrada.

and the smell of the black nectar of the laborers and the sugarcane
   cutters.
I am not looking at any engraving by Laplante, nor
a lithograph by Elias Durnford.
I am facing not any waterfall of the cold North
but a torrent of metaphors
and I turn to rocking myself again inside a school notebook whose
   yellow sheets,
rimmed with gold,
     keep me company
surrounded by light and by poets with no tables, no chairs, no
   coffee,
until the tourist's lens appears and freezes us
at rediscovered eternity.

(Translated by Gabriel Abudu)

Crónica desmayada ante un árbol de las migraciones

Me importan los frangipanis
que, sin preguntar adónde vamos,
dan sombra al paso de los aventureros
en ese Vedado invulnerable,
refugiado en su propia espiral
de años y latitudes confortables.
De un tiempo a esta parte
he comprendido el porqué
me subyugan los frangipanis.
Un poeta de mi generación me descubrió su aliento migratorio
y la extrañeza de su flor
y su desenfado en el espacio.
En una crónica aparecida en un diario de la ciudad
se hablaba con amor
de esos árboles que llaman frangipanis
y que te dejan, caminante,
esa sombra chinesca, modernista, elegíaca.
Amo los frangipanis sin preguntar de dónde vienen.

Faint Chronicle at the Tree of Migrations

I care about frangipani trees
for, without asking where we are bound,
they give shade to the paths of adventurers
in that invulnerable Vedado,
sheltered in its own spiral
of years and comfortable latitudes.
For some time now
I have understood why
frangipani trees captivate me.
A poet of my generation showed me their wandering breath
and the strangeness of their flower
and their freedom in space.
In a chronicle that appeared in a daily newspaper of the city
they talked lovingly
about those trees called frangipani
because they leave you, dear traveler,
that modernist, elegiac shadow play.
I love frangipani trees without questioning where they come from.

(Translated by Gabriel Abudu)

III

Una rosa

Los ojos de Abel Santamaría
están en el jardín.
Mi hermano duerme bajo las semillas.
Santiago alumbra
la frescura del tiempo
que nos tocó vivir.
Un niño baila
el dulce aire de julio
en la montaña.
Alguien escucha su canción
bajo el estruendo puro
de una rosa.

III

A Rose

The eyes of Abel Santamaría
lie in the garden.
My brother sleeps under the seeds.
Santiago enlightens
the freshness of the time
that was ours to live.
A child dances
in the sweet July air
of the mountains.
Someone listens to his song
under the pure thunder
of a rose.

(Trans. Kathleen Weaver)

Aguas de Corinthia

O waters, I have finger'd every shore with you.
Walt Whitman

Sobre las aguas orientales, estamos.
El águila como el ítamo real. Las uvas caletas.
La arena.

Aguas, he compartido hoy
todas las orillas arenosas y heroicas
del mundo con ustedes:
     el aire, los sueños, el expedicionario.

Corinthia Waters

O waters, I have finger'd every shore with you.
                              Walt Whitman

We sail on eastern waters.
The eagle like the *itamo real*. Grape shade trees.
Sand.

Waters, I have shared today
all the sandy and heroic shores
in the world with you:
        wind, dreams, the expeditionary force.

(Translated by Kathleen Weaver)

La mina de Ocujal

Corre hacia la mina un héroe nuestro,
solo,
atildado como una paz,
sus jugos gástricos siembran el árbol del porvenir.
Día de 1958.
Grita para sí mismo:
"No volveré mañana . . . ¡Espérenme!"

Ocujal Mine

A hero, one of ours, runs toward the mine,
alone,
decorated like peace,
his insides nurturing the tree of all to come.
A day in 1958.
He cries out with no one there to hear.
"I won't be back tomorrow . . . Wait for me!"

(Translated by Kathleen Weaver)

Mitologías

Furias del huracán acostumbrado,
vientos misteriosos golpeando el arrecife,
palos de muerte y de coral
inundaron las bahías de la Isla
y se tragaron el aire de Camilo.

Sus pulmones fueron hélices negras
que naufragaron en un soplo,
desde donde las turbonadas de la misericordia
están girando,
como troncos de manigua varados,
enjaulados
en una eterna comandancia boreal.
Las chalupas y las bocas jadeantes
navegan por los mares
y Camilo perdido.

Habrá lluvias de octubre en su sombrero alón.
Pero, ¿dónde encontrar su barba fina,
acorralada entre esas aguas frías e imprevisibles?
¿Cómo apretar su firme mano
ebria de pensamiento y ebria de acto?
¿Dónde posar sus ojos,
aves anidadas del héroe?
Oh pueblo mío insurrecto,
tú que lo vieras nacer en el discurso
y arder en los vertiginosos ríos de la Invasión:
Para ti derribó madrigueras impías.
Oh pueblo mío de nubes.
Oh pueblo suyo el que lo halla
con una flor silvestre,
amable,
deshojable,
lanzada a la intemperie,
sobre este mar de las mitologías.

Mythologies

Furies of the familiar hurricane,
strange reef-battering winds,
death wands of coral
flooded the Island bays
swallowing Camilo's breath.

His lungs, black helices,
were shipwrecked in a breath
where torrents of mercy spin
like stranded stalks
of earth
locked
in an eternal boreal command.
Small boats and gasping mouths
sail the seas
and Camilo is lost.

October rains will fill his broad-brimmed *sombrero*.
But how can we find his delicate beard
corralled among those cold unforeseeable waters?
How to grasp his firm hand
drunk with thought and action?
Where can his eyes alight,
nested wings of the hero?
O my insurrectionary people,
you who might have seen him born in a speech
or burn in the dizzying rivers of the Invasion:
He brought down evil lairs for you.
O my people of clouds.
O his people who go to meet him
with a forest flower,
dear,
destroyable,
cast into the open
upon this sea of mythologies.

(Translated by Kathleen Weaver)

En el país de Vietnam

Esta gaviota vuela sobre el eterno cielo de Hanoi,
como antes volaba el agresivo B-52.

¡Qué clara es la ciudad!
Y el reportaje tan lejano hablando de las fiestas
del Tet,
de la victoria popular.
Yo estoy aquí, como una mujer simple,
como hiciera Cheng Urh, como hiciera Cheng Tseh,
para cantar la vida del triunfo
y para levantar, piedra tras piedra:
la escuela y el refugio,
la pagoda de Angkor, las casas de bambú,
la bella arcada de los puentes.

Oh, claro Vietnam, si cae la bomba sobre el mar
lleva tu árbol y tu escudo hasta la puerta del país.
Ciérrala firme.
Y si regresan—no sé, ¿quién sabe?—sobre el muro de oro,
que el invasor perezca, pérfido, junto al río.

In the Country of Vietnam

This seagull soars in the eternal sky of Hanoi,
as the aggressive B-52 flew before.

How dazzling is the city!
And the distant report of the celebrations
of Tet,
of the popular victory.
I am here, a simple woman,
like Cheng Urh, like Cheng Tseh,
to sing the life of the triumph
and, stone by stone, to build:
school and bomb shelter,
the pagoda of Angkor, the bamboo houses,
the beautiful arcade of the bridges.

O shining Vietnam, if they bomb your sea,
bring your tree and your shield to the door of the country.
Slam it shut.
And if they return—I don't know, who knows?—over the golden wall,
let the invader perish, perfidious, by the river.

(Translated by Kathleen Weaver)

Abril

Esas hojas que vuelan bajo el cielo,
quieren decir la lengua de la patria.

Estas aves que aspiran
la lentitud hostil de la borrasca,
ya saben que en abril se precipitan
todas las agresiones.

Oh pueblo en que nací,
así te miro fiero, junto al mar;
este polvo que piso
será el huerto magnífico de todos.
Y si caemos otra vez
se alzarán los huesos en la arena.

Aquí están nuestras almas
en el mes imprevisto, en abril,
donde duerme la Isla como un ala.

April

Those leaves flying under the sky,
are singing the language of the homeland.

These birds breathing
the hostile slowness of the storm,
already know that all aggressions
are unharnessed in April.

Oh homeland in which I was born,
I watch you so proud, by the sea;
this dust that I tread
will be the magnificent orchard for everyone.
And if we fall again
our bones will rise in the sand.

Here are our souls
in the unforeseen month, in April,
where the Island sleeps like a wing.

(Translated by Gabriel Abudu)

Análisis de la melancolía

Analysis of Melancholy

En octubre y el aire

Las hojas de los árboles se arremolinan en los contenes.
Todas se levantan del piso como embrujadas,
amarillas, rojas, hasta grises
y se acurrucan frente a mí.
Una llovizna indomable cae sobre la ciudad.
Huracán y Ciclón asoman sus hocicos del Norte.
La visita del aire, en octubre, no se hace esperar:
Ella besa tus labios como un pajarito.

   Qué suave corazón
   el del que anda
   cuadra por cuadra
   añorando su amor.

Qué solemnes los levantamientos de octubre, qué lógicos.
Cuánta ternura en el soplido de la bazuca mágica
tronando en un palacio invernal de Rusia
contra princesas tristes,
contra zares terribles
y contra el espíritu que bate las pestañas
de una anciana ojerosa.

Todas las olas se levantan y crujen sobre el Malecón.
Desprevenidos, los habaneros corren hacia sus casas.
Los automóviles están evadiendo los zarpazos del mar.
El ruido y el vigor de las olas
nos paralizan la vista
con que contemplamos
las cosas cotidianas.

Mirar un barco de vela entrando en la bahía,
estar sobre un horcón de la bahía,
amanecer contigo
en octubre y el aire
volteándonos, limándonos,
como en aquella vigilia tan soñada.

In October and the Wind

The tree leaves circle round in holding patterns.
All lift off the ground as if bewitched,
yellow, red, even gray,
and huddle down before me.
An indomitable mist falls over the city.
Hurricane and Cyclone thrust in their snouts from the North.
The wind's visitation, in October, doesn't keep you waiting:
it kisses your lips like a bird.

> How gentle the heart
> of one who wanders
> block after block
> pining for love.

How solemn are October's uprisings, how logical.
There's such tenderness in the blowing of the magic blast
that thunders through a Russian winter palace
against sad princesses,
against terrible czars
and against the spirit batting the eyelashes
of an elderly woman with dark-circled eyes.

All the waves lift themselves up and crash against the Malecón.
Unprepared, the people of Havana run homeward.
Their cars are evading the talons of the sea.
The noise and vigor of the waves
paralyze our vision,
with which we contemplate
everyday things.

Watching a sailing ship enter the bay,
sitting on a pillar in the bay,
waking up with you
in October and the wind
turning us over, polishing us,
as on the sleepless night we have dreamt of so.

Un remolino de gritos extraños
apareció en esta tarde monumental.
Las huestes del verano han desaparecido
al sonar una flauta desde la costa próxima,
a estas horas,
en que el crepúsculo está favoreciendo a los paseantes.

Díganme si es posible
zarandear las columnas de espuma
que el mar erige
cuando nos llega octubre silencioso
con su aire de mortal.

    Díganlo.

Qué imprescindible octubre y su aire de anuencia,
y su aire doloroso,
y su aire de ausencia y tempestad,
y su aire de asaltos y levantamientos de aurora,
y su aire de lágrimas lejanas,
y su aire vegetal
que nos despeina, urgente, con su diáspora,
como a eternos moradores del Caribe.

A whirlwind of strange cries
appeared on this monumental afternoon.
The armies of summer have disappeared
at the sounding of a flute from the nearby coast,
at this hour,
when twilight favors the passers-by.

Tell me if it is possible
to winnow the columns of foam
that the sea erects
when silent October arrives
with its mortal wind.

    Tell me.

How essential October is, and its consenting wind,
and its sorrowful wind,
and its wind of absence and storms,
and its wind of assaults and dawn uprisings,
and its wind of faraway tears,
and its wind of vegetation
that dishevels us, urgently, with its diaspora,
like eternal inhabitants of the Caribbean.

(Translated by David Frye)

Análisis de la melancolía

Horas que pasan
                  como un soplo.
Sombras de un mundo vivo,
que pasan como un soplo,
me hacen hablar contigo.

Descoyuntadas, breves,
coloreadas de rabia,
vienen a mí las horas
y también vienes tú
expresándote,
honrándome con ellas.

Entrando a un río. Brincando
charcos. Volando
sobre un muro. Leyendo
las noticias del día. Descubriendo
la lluvia. Andando
sobre hojas de ceiba. Cantando
en el atardecer.

              Latiendo
en su erotismo: la quieta y pura melancolía.

Analysis of Melancholy

Hours passing
                like a breeze.
Shadows of a living world,
passing like a breeze,
they bring me to speak with you.

Disjointed, brief,
tinged the color of rage,
hours come to me
and you also,
expressing yourself,
honoring me with them.

Stepping into a river. Skipping
over puddles. Jumping
over a wall. Reading
the day's news. Discovering
rain. Walking under the leaves
of the silk-cotton tree. Singing
in the afternoon.

                Beating
with its erotic pulse: quiet and pure melancholy.

(Translated by Kathleen Weaver)

Cuerda veloz

Cuerda veloz, desatada en el aire,
ataba nuestros cuerpos
como dos fríos conejos,
fugitivos de claxons y peatones,
bajo el álamo verde.
                    La virgen,
en lo alto, abría los brazos
y parecía llorar por nuestro anhelo.
Tú y yo, ya sin espera.
El viento, yerto de pesadumbres.
¿Cuántas horas aún para mirarnos
y tocar la cuerda intensa en donde
derramamos nuestro beso fatal?
Tu boca lejos de la mía.
Dime, Rilke, ¿en qué fuente,
en qué cielo, en cuál rosa,
en qué enigma de mi niñez
nació este amor que se agita en la sombra
hacia su fiel tormenta?

Swift String

Swift string, set loose in the air,
it held our bodies bound
like two cold-bitten rabbits,
fleeing from car horns and pedestrians,
under the green poplar tree.
       The virgin,
up in the heavens, opened her arms
and seemed to cry for our yearning.
You and I, waiting no longer.
The wind, frozen with grief.
How many more hours shall we look at each other
and touch the intense string where
we spilled our fatal kiss?
Your mouth far from mine.
Tell me, Rilke, in what fountain,
in what sky, in which rose,
in what enigma of my childhood
was this love born, this love that quivers in the darkness
toward its faithful storm?

(*Translated by Gabriel Abudu*)

Así lo cuentan las leyendas

Las pisadas del antílope, cuando avecina su
elegancia
alertan al cazador
que espera agazapado y trémulo.

Así lo cuentan las leyendas.

Pero,
      ¿y tus pisadas?
           ¿y tu sigilosa aparición?

Ésas, me toman por sorpresa,
me asaltan para siempre,
      agazapada como el cazador,
    trémula como la hoja de hierba,
sin palabras precisas, sin lengua,
como un bozal del siglo diecinueve.

So Say the Legends

The hoofbeats of the antelope, as it approaches in its
elegance,
alert the hunter
who lies in wait, trembling.

So say the legends.

But,
     what about your footsteps?
        and your silent appearance?

Those take me by surprise,
they haunt me forever,
        crouching like the hunter,
    trembling like the leaf of grass,
without the right words, speechless,
like a nineteenth-century African slave.

(Translated by Gabriel Abudu)

A un muchacho

Entre la espuma y la marea
se levanta su espalda
cuando la tarde ya
iba cayendo sola.

Tuve sus ojos negros, como hierbas,
entre las conchas brunas del Pacífico.

Tuve sus labios finos
como una sal hervida en las arenas.

Tuve, en fin, su barbilla de incienso
bajo el sol.

Un muchacho del mundo sobre mí
y los cantares de la Biblia
modelaron sus piernas, sus tobillos
y las uvas del sexo
y los himnos pluviales que nacen de su boca
envolviéndonos sí como a dos nautas
enlazados al velamen incierto del amor.

Entre sus brazos, vivo.
Entre sus brazos duros quise morir
como un ave mojada.

To a Boy

Between the surf and the tide
his shoulder rises
when the afternoon
was settling down alone.

I had his black eyes, like grasses,
among the brown shells of the Pacific.

I had his delicate lips
like a salt heated on the sands.

I had, in short, his sweet-smelling chin
under the sun.

A boy of the world on top of me
and the songs of the Bible
shaped his legs, his ankles
and the grapes of his sex
and the watery hymns that poured out of his mouth
wrapping us for sure like two mariners
bound together by the uncertain sail of love.

In his arms, I live.
In his strong arms I wished to die
like a wet bird.

(Translated by Gabriel Abudu)

Expresamente a un árbol

En la noche, sigo tus pasos, sigo tu sombra,
		camino a tu lado.
Por eso acudo, como un perro sin prisa, a tu dominio.
Voy contigo.
Te miro y te he aguardado y eres una espuma cardíaca.
Voy a tu lado sin que me lo pidas.
Voy a tu lado.
Pude saber quién eras y ahora transcurres a mi lado
e inesperadamente vives ante mis ojos como una fuerza del sol.
Levanté la cabeza y vi en la noche tus ramas verde claro
y tus florecillas, en un enjambre,
con el amarillo juncal
que aprendí a percibir conociendo el amor.
Sé que debo transcurrir.
Deberé pasar y volver otra vez
y contemplarte
pero vendré y miraré tus flancos que son ya
		mi victoria.
Expresamente a ti quiero decirlo.
Sin miramientos, sin gloria, sin poesía,
		sin la memoria palpitante del culpable.
Vendré a cargar tus zumos.
Vendré, en plena tempestad, a devolverte
		los días incógnitos de ayer.
Vendré, a reposar bajo tus flores. Vendré,
siempre vendré a que me veas rondar, junto a
tu sombra.

To a Tree Expressly

In the night, I follow your steps, I follow your shadow,
    I walk at your side.
For that I go, like a dog poking along, to your place.
I go with you.
I look at you and I have waited for you and you make my heart leap.
I go by your side without your asking me.
I go by your side.
I might have known who you were and now you run at my side
and there you are, like a shaft of sunlight.
I lifted my head and saw at night your branches, light green,
and your blossoms, in a swarm,
in the willowy yellow
that love taught me to see.
I know that I must pass.
I will have to pass and return again
and contemplate you
but I will come and I will watch your flanks which are already
        my victory.
Expressly to you I want to say it.
Without circumspection, without glory, without poetry,
    without the palpitating memory of the guilty.
I will come to carry your fluids,
I will come, in full tempest, to return to you
    the unknown days of yesterday.
I will come to rest beneath your flowers. I will come,
always I will come so that you may see me lurking near
your shadow.

(Translated by Heather Rosario Sievert)

Amanecer

La noche termina con nuestro esplendor.
Y ya es otra mañana, frente a la pared.
Entras y sales con cien platos de cal,
con diez serpientes negras que atesoras.
Una manga de viento instala el perfume ancestral
    de la costa.
La sala cobra tonos amarillos.
Prestas atención a la hora, ¿cuándo volverán
    los caldos familiares?
Me hablas en una voz que no se puede oír,
yo espantada por el cloar de las gallinas.
Los niños fueron a contemplar cipreses
y dejaron un mapa encima del sofá,
marcaron las Bahamas con lápiz rojo.
El Paso de los Vientos está presente entre tú y yo.
Sólo tenemos un jardín en el alma
mientras duermen las clásicas anémonas
sobre el buró. Pero, ¿qué hora será para nosotros
a esta hora perpetua en que la radio anuncia
la muerte cierta de Chaplin?

Dawn

The night ends with our splendor.
And already it is another morning, in front of the wall.
You enter and leave with a hundred plates of lime,
with ten black serpents which you hoard.
A whirlwind locates the ancestral perfume
      on the coast.
The room gains yellow tones.
You pay attention to the time; when will
      the old familiar brews revive?
You speak to me in an inaudible voice,
I am shocked by the clucking of the hens.
The little boys went to contemplate cypresses
and they left a map on the sofa,
they marked the Bahamas with a red pencil.
The Windy Pass is present between you and me.
We have only one garden in our soul
while the classical anemones lie asleep
on the desk. But, what time will it be for us
at this perpetual hour in which the radio announces
the certain death of Chaplin?

(Translated by Heather Rosario Sievert)

El tambor

Mi cuerpo convoca la llama.

Mi cuerpo convoca los humos.

Mi cuerpo en el desastre
como un pájaro blando.

Mi cuerpo como islas.

Mi cuerpo junto a las catedrales.

Mi cuerpo en el coral.

Aires los de mi bruma.

Fuego sobre mis aguas.

Aguas irreversibles
en los azules de la tierra.

Mi cuerpo en plenilunio.

Mi cuerpo como las codornices.

Mi cuerpo en una pluma.

Mi cuerpo al sacrificio.

Mi cuerpo en la penumbra.

Mi cuerpo en claridad.

Mi cuerpo ingrávido en la luz
vuestra, libre, en el arco.

The Drum

My body summons the flame.

My body summons the smoke.

My body in disaster
like a gentle bird.

My body like islands.

My body beside the cathedrals.

My body up in the coral.

The breezes of my sea mist.

Fire upon my waters.

Waters irreversible
in the blues of the earth.

My body in full moon.

My body like the quails.

My body on a feather.

My body to sacrifice

My body in shadows.

My body in full sun.

My body, weightless, in the light,
your light, free, in the arch.

(*Translated by David Frye and Nancy Abraham Hall*)

Mirar adentro

Looking Within

Mirar adentro

Del siglo dieciséis data mi pena
y apenas lo sabía
porque aquel ruiseñor
siempre canta en mi pena.

Looking Within

From the sixteenth century dates my sorrow
and I hardly knew it
because that nightingale
always sings in my sorrow.

(Translated by Heather Rosario Sievert)

Humus inmemorial

En Jovellanos, la flor de Jericó.
Madre que hallas tu vientre
por entre grillos y ramales,
ésta es tu playa.

El cielo blanco surcado por los rayos.
El mar grisáceo de las bodegas
sacando a borbotones
negros amordazados,
echándolos,
entre la bruma,
sobre un puerto cualquiera.

Moza, madre que hallas tu vientre
por entre fieras y osamentas,
mira al guardiero,
celador de tus pasos,
consumirse,
cercado y preso.

Bestia de carga fuimos.

En la llanura de Jovellanos,
la flor de Jericó.
Oh la llanura del dolor
en Jovellanos.

Humus Immemorial

In Jovellanos, flower of Jericho.
You, mother who finds your womb
in here among shackles and chains,
this is your beach.

White sky streaked by lightning.
Grayish sea of warehouses
heaving out heaps
of muzzled blacks,
hurling them
through the sea mist
onto any old port.

You, young mother who finds your womb
in here among wild beasts and bone piles,
observe the estate guard:
how he watches your every step,
consumes himself,
enclosed, imprisoned.

We were beasts of burden.

On the plains of Jovellanos,
flower of Jericho.
Oh plains of suffering,
in Jovellanos.

(Translated by David Frye)

Los ojos de Eleggua

esta noche
junto a las puertas del caserón rojizo
he vuelto a ver los ojos del guerrero
eleggua
la lengua
roja de sangre como el corazón de los hierros
los pies dorados desiguales
la tez de fuego el pecho encabritado y sonriente

acaba de estallar en gritos
eleggua salta
imagina los cantos
roza el espacio con un puñal de cobre
quién le consentirá
si no es la piedra
o el coco blanco
quién recogerá los caracoles de sus ojos

ya no sabrá de Olofi si ha perdido el camino
ya no sabrá de los rituales
ni de los animales en su honor
ni de la lanza mágica
ni de los silbidos en la noche

si los ojos de eleggua regresaran
volverían a atravesar el río pujante
donde los dioses se alejaban donde existían los peces
quién sabrá entonces del cantar de los pájaros
el gran eleggua ata mis manos
y las abre y ya huye
y bajo la yagruma está el secreto
las cabezas el sol y lo que silba
como único poder del oscuro camino

The Eyes of Eleggua

tonight
by the doors of the big old reddish house
once more I have seen the warrior's eyes
eleggua
tongue
bloodred like the hearts of iron tools
feet tanned uneven
skin fiery chest rearing smiling

he has just burst out shouting
eleggua jumps
imagines the hymns
rubs space with a copper knife
who will let him
if not the stone
or the white coconut
who will recover the seashells of his eyes

he wouldn't know if Olofi has lost the trail
wouldn't remember the rituals
nor the animals in his honor
nor the magic lance
nor the whistling in the night

if the eyes of eleggua would come back
they would cross the raging river once again
where the gods went away where the fish once swam
who would remember then the songs of birds
the great eleggua has tied my hands
and loosens them and runs away
and under the *yagruma* lies the secret
the heads the sun and the thing that whistles
the only force on that dark path

(Translated by David Frye)

La rebambaramba

La farola, el ciempiés,
la brújula del tacto
y la comparsa
disuelta hacia el volcán.

Cinturas y cinturas
como puentes colgantes;
jardineras y dandys
sonriendo en la alameda.

La sombrilla en la mano,
la volanta prendida,
el sapo en el portal,
el calesero impávido,
la tumba abierta y cálida,
en el solar perdido.

El cuchillo en la noche,
la tropelía y la clave,
los metales y el hierro,
la furia firme del final.

¿Dónde está
la corneta del loco?

¿Dónde afila su arma
el bastonero de Santiago?

¿Dónde canta,
señor, el mantón de Ma'Luisa?

¿Y Caridad y Pastora?

¿Dónde canta la conga
su tonada mejor?

La Rebambaramba

The carnival torch, the centipede,
the orienting sense of touch,
and the dance line dissolving
toward the volcano.

Waist after waist,
like suspension bridges;
gardening women and *dandies*
smiling along the avenue.

The parasol in hand,
the wheel on fire,
the toad in the courtyard,
the fearless buggy driver,
the tomb open and warm
in the forlorn tenement.

The knife in the night,
the throngs and conga beat,
the metals and the iron,
the final firm fury.

Where is
the madman's bugle?

Where does Santiago's chief
sharpen his sword?

Where, sir, does
Ma'Luisa's shawl sing?

And Caridad and Pastora?

Where does the conga
sing its finest tune?

Tango, tango real.

Todos
somos hermanos.

Tango, true tango.

All of us
are brothers.

(Translated by David Frye and Nancy Abraham Hall)

Elogio de Nieves Fresneda

Como un pez volador: Nieves Fresneda.

Olas de mar, galeotes,
azules pétalos de algas
cubren sus días y sus horas,
renaciendo a sus pies.

Un rumor de Benín
la trajo al fondo de esta tierra.

Allí están
sus culebras,
sus círculos,
sus cauris,
sus sayas,
sus pies,
buscando la manigua,
abriendo rutas desconocidas
hacia Olókun.

Sus pies marítimos,
al fin,
troncos de sal,
perpetuos pies de Nieves,
alzados como lunas para Yemayá.

Y en el espacio,
luego,
entre la espuma,
Nieves
girando sobre el mar,
Nieves
por entre el canto
inmemorial del sueño,
Nieves
en los mares de Cuba,
Nieves.

In Praise of Nieves Fresneda

Like a flying fish: Nieves Fresneda.

Ocean waves, galley slaves,
blue petals of seaweed
cover her days and hours,
are reborn at her feet.

A murmur of Benin
carried her to the depths of this land.

There are
her snakes,
her circles,
her cowries,
her skirts,
her feet,
in search of the swamp,
opening unknown routes
toward Olokun.

Her maritime feet,
after all,
trunks of salt,
everlasting feet of Nieves,
uplifted like moons for Yemayá.

And in space,
afterward,
amid the foam,
Nieves
spinning upon the sea,
Nieves
amidst the immemorial
song of dreams,
Nieves
on the seas of Cuba,
Nieves.

(Translated by David Frye)

Güijes

Saliendo el sol de la mañana
miramos al espejo silvestre
donde espigan la cueva provincial
y el aroma silente de las hierbas.
Y ya daban las seis en la existencia
real del día.
            Lo decían
el agua de los saltos
y el campanario viejo junto al río,
entre el rumor de aquel desfiladero.
Corrieron a su encuentro los güijes, otra vez,
y en la noche tan joven, zarparon
en un solo relámpago de luz . . .

Güijes

As the morning sun was rising
we looked into the forest mirror
where the provincial cave
and the silent smell of grass give fruit.
It was six o'clock in the real
live morning.
        That's what
the waterfalls told us,
and the old bell tower by the river,
through the burbling of that canyon.
The *güijes* ran out again to meet them,
and in that fresh new night they set sail
in a single bolt of lightning . . .

(*Translated by David Frye*)

Hablando con una culebra

A ti también te dieron con un palo,
te estrujaron y te escupieron, te pisotearon siempre;
a ti, te mataron con delicia
y te echaron una maldición que hasta hoy hicieron cumplir.
No digas tú que en la hora de la queja
fuiste más poseedora que Angélica, mi madre.

Mas cuando entre sicomoros e hicacos
hayas iniciado tu majomía irredenta,
recuerda bien el acíbar de tus verdugos,
pon atención a las lágrimas y no a su llanto,
pon atención al puñal y no a su empuñadura,
desoye la oración y la sorda palabra del Señor
y rodéanos después de una sola mirada,
que ya te alcanzaremos animada,
y cuando despiertes de tu sueño, continuada tu estirpe,
sacúdete, pega, muerde y mata tú también
que ya vuelas y vives en tu justo lugar.

Talking with a Serpent

You, too, they beat with a stick,
they crushed you and spit on you, they always trod on you;
you, too, they delighted in killing,
and the curse they hurled on you they still enforce.
Don't tell me that when it was time to complain
you had more cause to speak up than Angélica, my mother.

But when, among sycamores and *hicacos*, ~CUBAN NATIONAL ELEMENTS~
you commence your stubborn elegance, ~△ LYNCHING~
remember well your executioner's wormwood,
pay attention to the tears and not the wailing,
pay attention to the blade and not the hilt,
turn your ear from the prayer and the dull word of the Lord,
and encircle us then with a single gaze,
for you'll be animated when we reach you,
and when you waken from your dream, your lineage still alive,
shake yourself off, hit, bite, and kill—you, too—
for you will now be flying, living in your rightful place.

(*Translated by David Frye*)

[handwritten note:] Myth of the flying African — when one dies, he or she doesn't just die, but she/he goes back to Africa

175

Negro

Tu pelo,
        para algunos,
era diablura del infierno;
pero el zunzún allí
puso su nido, sin reparos,
cuando pendías en lo alto del horcón,
frente al palacio
        de los capitanes.
Dijeron, sí, que el polvo del camino
te hizo infiel y violáceo,
como esas flores invernales
del trópico, siempre
tan asombrosas y arrogantes.
        Ya moribundo
sospechan que tu sonrisa era salobre
y tu musgo impalpable para el encuentro del amor.
Otros afirman que tus palos de monte
nos trajeron ese daño sombrío
que no nos deja relucir ante Europa
y que nos lanza, en la vorágine ritual,
a ese ritmo imposible
de los tambores innombrables.
Nosotros amaremos por siempre
tus huellas y tu ánimo de bronce
porque has traído esa luz viva del pasado fluyente,
ese dolor de haber entrado limpio a la batalla,
ese afecto sencillo por las campanas y los ríos,
ese rumor de aliento libre en primavera
que corre al mar para volver
                        y volver a partir.

Black Man

Your hair,
    for some,
was the devil's work from hell;
but the hummingbird
built its nest there, unheeding,
when you were hanging at the end of the gallows,
in front of the Governor Generals'
    Palace.
They did say that the dust of the road
made you disloyal and purplish,
like those winter flowers
from the tropics, always
so startling and arrogant.
    Now that you are dying,
they suspect that your smile was brinish
and your moss beyond the touch of love.
Others say that your religious spirits
brought on us that gloomy damnation
which does not let us shine in the eyes of Europe
and which thrusts us, in the ritual whirlwind,
into that impossible rhythm
of the unnameable drums.
We shall always love
your footprints and your spirit of bronze
for you have brought that bright light from the fluid past,
that pain of having entered clean into battle,
that simple love for bells and rivers,
that rumor of free breath in spring
that runs to the sea to return
               and leave again.

(Translated by Gabriel Abudu)

Un manzano de Oakland

para Ángela Davis

¿Ves ese suave y firme manzano
dando sombra sobre una acera gris de Oakland?
     ¿Lo ves bien?
Cada molécula de su tronco viajó desde los bosques de Dakota
y el lacrimoso Misurí.
Las aguas del gran lago de sal de Utah
regaron las resinas de su corteza.

¿Sabes que ese manzano fue plantado
con la tierra robada a los Rodilla-Herida
por el gobernador del estado?
¿Acaso tú conoces que su savia
se nutre con los huesos y pelos prisioneros
de San Quintín?

Fíjate en sus hojas misteriosas,
en los hilillos por donde pasa el jugo de esa savia.
     Míralo bien.
Mira bien tú la estación remota que inaugura.
Mira bien, niño del occidente norteamericano,
la copa del manzano,
más ancha aún que la misma costa del Pacífico:
la que guarda en su mejor raíz
carabelas y espectros.

Y a ti, viajero, te dará sombra siempre,
pero detén tu marcha pesarosa ante esa sombra suya.
No olvidarás jamás que ha sido
la triste, cruel, umbrosa, la efímera morada
de múltiples cabezas negras colgando entre el follaje,
     incorruptibles.

An Oakland Apple Tree

For Angela Davis

See that strong, smooth apple tree
shading a gray sidewalk in Oakland?
    Can you see it well?
Each molecule of its trunk has traveled from Dakota woods
and the tearful Missouri.
The Great Salt Lake of Utah
has watered the resins of its bark.

Did you know that apple tree was planted
on land stolen from Wounded Knee
by the governor of the state?
Perhaps you know that its sap
is nourished with the prisoner bones and hair
of San Quentin?

Look hard at its mysterious leaves,
at the tiny threads through which the juice of that sap flows.
    Regard it well.
Observe the remote season it inaugurates.
Observe, child of the North American West,
the apple tree's crown,
broader even than the very coast of the Pacific:
in its great root
it keeps caravels and ghosts.

And you, traveler, it will shade you always,
but slow your heavy step before its shadow.
Never will you forget that this tree has been
the sad, cruel, shadowy, the ephemeral dwelling
of multitudinous black heads hanging among the foliage,
    incorruptible.

(Translated by Kathleen Weaver)

Bäas

Eres el amo.
Azares y un golpe seco de la historia
te hicieron ser mi amo.
Tienes la tierra toda
y yo tengo la pena.
Tienes la hacienda,
el potro, el olivo, los rifles
y yo tengo la pena.
En medio de la noche
te alzas como una bestia en celo.
Tuyos mi sudor y mis manos.
Me has hecho nómada en mis propios confines.
Eres el amo
y eres esclavo
de lo que posees.
Eres el amo.
Me has despojado de mis cosas
pero no de mi canto.
¿Qué vas a hacer
cuando me alce mañana
y recobre mi potro, mi olivo
y mis estrellas?

Bäas

You are the master.
Chance and a stroke of history
made you my master.
You have all the land
and I have the sorrow.
You have the farm,
the colt, the olive tree, the rifles
and I have the sorrow.
In the middle of the night
you rise up like a beast in heat.
My sweat and my hands are yours.
You have made me a nomad in my own land.
You are the master
and the slave
of what you possess.
You are the master.
You have stripped me of my things
but not of my song.
What will you do tomorrow
when I rise up
and take back my colt, my olive tree,
and my stars?

(Translated by Mirtha Quintanales)

Soliloquio de un colono

Acabo de degollar a un ovambo.
¿Qué es un ovambo?
Un negro,
un animal rabioso,
un monstruo con apenas dos patas
y dos ojos inmensos como de Lucifer.
Eran como las seis de la tarde
y los dos tropezamos,
saliendo de la granja,
frente al jardín de la señora Woolf.
Las adelfas de la señora Woolf son tan hermosas.
Yo se las riego los domingos cuando sale de compras a Pretoria.
Dije que tropezó conmigo y no se disculpó.
Alzó la cabeza y no se disculpó.
Era un grosero, como todos los negros,
un ovambo de los infiernos,
un terrorista, un depredador,
un negro ovambo,
y no me pude contener
y fui a buscar la soga y la navaja.
Ya estaba de espaldas cuando lo derribé . . .
Eso fue todo, Peter.
Yo bien respeto el orden y la ley.
¿Jugamos a las cartas?

A Planter's Soliloquy

I just cut an Ovambo's throat.
What's an Ovambo?
A nigger,
a rabid animal,
a monster on two legs
with two enormous eyes like Lucifer's.
It was about six in the afternoon
and we bumped into each other
leaving the farm,
in front of Mrs. Woolf's garden.
Mrs. Woolf's rosebays are so beautiful.
I water them for her on Sundays when she goes out shopping in
     Pretoria.
I said, he bumped into me and did not apologize.
He raised his head and did not apologize.
He was rude like all niggers,
an Ovambo out of hell,
a terrorist, a predator,
an Ovambo nigger,
and I could not control myself
and went to get the rope and the blade.
He had already turned his back when I struck him down . . .
That was all, Peter.
I greatly respect law and order.
Shall we play cards?

(*Translated by Mirtha Quintanales*)

Nana silente para niños surafricanos

Mamá no tenía pase
y no había pan.
Papá no tenía pase
y lo habían castigado.
Mamá no tenía pase
y no había pan.
Papá no tenía pase
y murió degollado.
Mamá no tenía pase
y no había pan.

Silent Lullaby for South African Children

Mamma didn't have a pass
and there was no bread.
Papa didn't have a pass
and he was punished.
Mamma didn't have a pass
and there was no bread.
Papa didn't have a pass
and he died beheaded.
Mamma didn't have a pass
and there was no bread.

(Translated by Mirtha Quintanales)

Aniversario

Ya había cortado diez rosas para Vinnia
cuando atravesé el bantustán
casi dormido
al vaivén del trino
de los gallos.
Era nuestro primer aniversario.
Me detuvieron.
Me preguntaron.
Y entregué el pase.
La blanca luz de la mañana
crecía y crecía
inundando el mercado.
Caminé sin aliento
hasta llegar a la ciudad.
Un comerciante corre detrás de una sirvienta
ofreciéndole un dólar estrujado.
Era nuestro primer aniversario.
Me detuvieron.
Me preguntaron.
Y entregué el pase.
Los automóviles bajaban.
Las rastras ascendían.
Mi corazón se desbordaba
a lo largo de la avenida.
El sol, más fuerte aún,
como una yema congelada.
Me detuvieron.
Me preguntaron.
Y entregué el pase.
Llegué al bantustán de Vinnia
pasadas las seis de la tarde.
La busqué con la vista
y con ansias de amor.
Vinnia, ¿has dudado de mí?
Salí temprano de mi bantustán
pero me detuvieron,

Anniversary

I had already cut ten roses for Vinnia
when I crossed the *bantustan*
drowsy
from the undulating trill
of the roosters.
It was our first anniversary.
I was stopped.
I was questioned.
And I handed over the pass.
The white morning light
grew and grew
flooding the marketplace.
I walked breathlessly
all the way to the city.
A merchant runs after a servant
offering her a crumpled dollar.
It was our first anniversary.
I was stopped.
I was questioned.
And I handed over the pass.
Cars were going down.
Drays were going up.
My heart was overflowing
along the avenue.
The sun, even stronger,
like a congealed egg yolk.
I was stopped.
I was questioned.
And I handed over the pass.
I arrived at Vinnia's *bantustan*
after six in the afternoon.
I searched for her with my eyes
and with love's longing.
Vinnia, have you doubted me?
I left the *bantustan* early
but I was stopped,

me preguntaron
y entregué el pase.
Anduve un laberinto para llegar aquí,
le dije, con la cabeza gacha,
como un ladrón a quien sorprenden.
Su rostro era una mezcla
de aflicción e impaciencia.
Tan bella Vinnia frente a su bantustán
pero mis rosas estaban ya marchitas.
Era nuestro primer aniversario.

I was questioned.
And I handed over the pass.
I traveled through a maze to get here.
I told her, my head lowered
like a thief who has been caught.
Her expression was a mixture
of affliction and impatience.
Vinnia, so beautiful in front of her *bantustan*
but my roses had already withered.
It was our first anniversary.

(Translated by Mirtha Quintanales)

Instante

Ayer, ella no comprendió las matemáticas
pero leyó con gusto una historia de África
donde contaban cosas
de tráfico y galeones.
Hoy, él fundó una novena para jugar pelota
y donó sangre en el hospitalito provincial.
Ella corrió toda una pista
y él fue a comprar almejas deliciosas
en un mercado.
El soñaba con indias lavando todas a la orilla del río.
Ella fue a la nevera
y, con un placer casi prohibido,
devoró las almejas que él había conseguido
en el mercado.
Son las cuatro y diez de la tarde.
Ambos están mirando el mismo lente
y han compartido la misma esperanza.

Instant

Yesterday, she did not understand mathematics
but she read with pleasure a history of Africa
where they talked about
slave trafficking and galleons.
Today, he founded a baseball team
and he donated blood at the small provincial hospital.
She ran a whole course
and he went to buy tasty clams
at a market.
He dreamt about Indian women all doing laundry at the riverbank.
She went to the icebox
and, with an almost forbidden pleasure,
she devoured the clams that he had bought
at the market.
It is ten past four in the afternoon.
Both are looking through the same lens
and they have shared the same hope.

(Translated by Gabriel Abudu)

Epitafio para una dama de Pretoria

Sobre una idea del poeta Countee Cullen

Siempre pensó que aún resurrecta
dormiría la mañana
hasta que tres ángeles negros
le hicieran bien la cama
y, sobre todo, el desayuno.

Epitaph for a Lady from Pretoria

After an idea from the poet Countee Cullen

She always thought that even resurrected
she would sleep the morning
until three black angels
made her bed
and, above all, her breakfast.

(Translated by Mirtha Quintanales)

Cocinera

A las cinco llega a la granja:
"Buenos días, mi amo,"
suele decir sin ganas
como una ley vigente del demonio.
Cocina, da de comer al dueño
y al papagayo;
lava los platos, los ordena
y sale a comer en una lata
junto al corral del patio.
Una hora después,
recoge a los perros del amo
y les sirve su plato favorito
en la sala de mármol del comedor lustroso.

Cook

She arrives at the farm at five:
"Good morning, master,"
she always says against her will
like a law imposed by the devil.
She cooks, feeds the owner
and the parrot;
washes the dishes, stacks them
and goes out to eat from a can
by the corral in the courtyard.
An hour later,
she gathers the master's dogs
and serves them their favorite dish
in the gleaming marble dining room.

(Translated by Mirtha Quintanales)

Amo a mi amo

Amo a mi amo.
Recojo leña para encender su fuego cotidiano.
Amo sus ojos claros.
Mansa cual un cordero
esparzo gotas de miel por sus orejas.
Amo sus manos
que me depositaron sobre un lecho de hierbas:
Mi amo muerde y subyuga.
Me cuenta historias sigilosas mientras
abanico todo su cuerpo cundido de llagas y balazos,
de días de sol y guerra de rapiña.
Amo sus pies que piratearon y rodaron
por tierras ajenas.
Los froto con los polvos más finos
que encontré, una mañana,
saliendo de la vega.
Tañó la vihuela y de su garganta salían
coplas sonoras, como nacidas de la garganta de Manrique.

Yo quería haber oído una marímbula sonar.
Amo su boca roja, fina,
desde donde van saliendo palabras
que no alcanzo a descifrar
todavía. Mi lengua para él ya no es la suya.

Y la seda del tiempo hecha trizas.

Oyendo hablar a los viejos guardieros, supe
que mi amor
da latigazos en las calderas del ingenio,
como si fueran un infierno, el de aquel Señor Dios
de quien me hablaba sin cesar.
¿Qué me dirá?
¿Por qué vivo en la morada ideal para un murciélago?
¿Por qué le sirvo?
¿Adónde va en su espléndido coche

I Love My Master

I love my master.
I gather firewood to light his daily fire.
I love his clear eyes.
Tame as any lamb,
I scatter drops of honey on his ears.
I love his hands
which laid me down on a bed of grass:
My master bites, subjugates.
He tells me secret stories while
I fan his whole body, full of sores and bullet wounds,
of days in the sun and plunderous war.
I love his feet, which buccaneered and wandered round
in foreign lands.
I massage them with the finest powders,
which I found one morning
while leaving the tobacco field.
He strummed his guitar and from his throat came
sonorous verses, as if born from the throat of Manrique.

I wished I had heard a *marímbula* play.
I love his delicate red mouth,
from which spill words
that I cannot quite decipher
yet. My tongue for him is no longer his own.

And the silk of time in tatters.

Hearing the old field guards talking, I learned
that my love
gives lashings in the cauldrons of the sugar mill,
steaming like some Hell, the Hell of that Lord God
he used to talk to me about unendingly.
What could he tell me?
Why am I living in a lodging perfect for a bat?
Why must I serve him?
Where could he go in his splendid carriage,

tirado por caballos más felices que yo?
Mi amor es como la maleza que cubre la dotación,
única posesión inexpugnable mía.

Maldigo

esta bata de muselina que me ha impuesto;
estos encajes vanos que despiadado me endilgó;
estos quehaceres para mí en el atardecer sin girasoles;
esta lengua abigarradamente hostil que no mastico;
estos senos de piedra que no pueden siquiera amamantarlo;
este vientre rajado por su látigo inmemorial;
este maldito corazón.

Amo a mi amo pero todas las noches,
cuando atravieso la vereda florida hacia el cañaveral
        donde a hurtadillas hemos hecho el amor,
me veo cuchillo en mano, desollándole como a una res
        sin culpa.

Ensordecedores toques de tambor ya no me dejan
oír ni sus quebrantos, ni sus quejas.
Las campanas me llaman . . .

drawn by horses happier than I?
My love is like the weeds that cover the dowry,
the only possession he cannot take from me.

I curse

this muslin robe he has imposed on me;
these vain lace dresses he forced on me without pity;
these chores of mine in the sunflowerless afternoon;
this baroquely hostile tongue I can't get between my teeth;
these stone breasts that can't even suckle him;
this womb, raked by his immemorial lashings;
this accursed heart.

I love my master, but every night
when I cross the flowery pathway to the cane fields
     where we have surreptitiously made love,
I can see myself with knife in hand, butchering him like
     innocent cattle.

Deafening drumbeats no longer let me
hear neither his sorrows, nor his complaints.
The tolling bells call me . . .

(Translated by David Frye)

Mujer negra

Todavía huelo la espuma del mar que me hicieron atravesar.
La noche, no puedo recordarla.
Ni el mismo océano podría recordarla.
Pero no olvido al primer alcatraz que divisé.
Altas, las nubes, como inocentes testigos presenciales.
Acaso no he olvidado ni mi costa perdida, ni mi lengua ancestral.
Me dejaron aquí y aquí he vivido.
Y porque trabajé como una bestia,
aquí volví a nacer.
A cuanta epopeya mandinga intenté recurrir.

      Me rebelé.

Su Merced me compró en una plaza.
Bordé la casaca de Su Merced y un hijo macho le parí.
Mi hijo no tuvo nombre.
Y Su Merced, murió a manos de un impecable *lord* inglés.

      Anduve.

Ésta es la tierra donde padecí bocabajos y azotes.
Bogué a lo largo de todos sus ríos.
Bajo su sol sembré, recolecté y las cosechas no comí.
Por casa tuve un barracón.
Yo misma traje piedras para edificarlo,
pero canté al natural compás de los pájaros nacionales.

      Me sublevé.

En esta misma tierra toqué la sangre húmeda
y los huesos podridos de muchos otros,
traídos a ella, o no, igual que yo.
Ya nunca más imaginé el camino a Guinea.
¿Era a Guinea? ¿A Benín? ¿Era a Madagascar? ¿O a Cabo Verde?

      Trabajé mucho más.

Black Woman

I still smell the foam of the sea they made me cross.
The night, I can't remember it.
The ocean itself could not remember that.
But I can't forget the first gull I made out in the distance.
High, the clouds, like innocent eyewitnesses.
Perhaps I haven't forgotten my lost coast, or my ancestral language.
They left me here and here I've lived.
And, because I worked like an animal,
here I was reborn.
How many Mandinga epics did I look to for strength.

      I rebelled.

His Worship bought me in a public square.
I embroidered His Worship's coat and bore him a male child.
My son had no name.
And His Worship died at the hands of an impeccable English lord.

      I walked.

This is the land where I suffered mouth-in-the-dust and the lash.
I rode the length of all its rivers.
Under its sun I planted seeds, brought in the crops,
but never ate those harvests.
A slave barracks was my house,
built with stones that I hauled myself,
while I sang to the pure beat of native birds.

      I rose up.

In this same land I touched the fresh blood
and decayed bones of many others,
brought to this land or not, the same as I.
I no longer dreamt of the road to Guinea.
Was it to Guinea? Benin? To Madagascar? Or Cape Verde?

      I worked on and on.

Fundé mejor mi canto milenario y mi esperanza.
Aquí construí mi mundo.

Me fui al monte.

Mi real independencia fue el palenque
y cabalgué entre las tropas de Maceo.

Sólo un siglo más tarde,
junto a mis descendientes,
desde una azul montaña,

bajé de la Sierra

para acabar con capitales y usureros,
con generales y burgueses.
Ahora soy: sólo hoy tenemos y creamos.
Nada nos es ajeno.
Nuestra la tierra.
Nuestros el mar y el cielo.
Nuestras la magia y la quimera.
Iguales míos, aquí los veo bailar
alrededor del árbol que plantamos para el comunismo.
Su pródiga madera ya resuena.

I strengthened the foundations of my millenary song and of my hope.
Here I built my world.

I left for the hills.

My real independence was the free slave fort
and I rode with the troops of Maceo.

Only a century later,
together with my descendants,
from a blue mountain,

I came down from the Sierra

to put an end to capital and usurer,
to generals and to bourgeois.
Now I exist: only today do we own, do we create.
Nothing is foreign to us.
The land is ours.
Ours the sea and the sky,
the magic and the vision.
My equals, here I see you dance
around the tree we are planting for communism.
Its prodigal wood resounds.

(Translated by Kathleen Weaver)

Persona

¿Cuál de estas mujeres soy yo?
¿O no soy yo la que está hablando
tras los barrotes de una ventana sin estilo
que da a la plenitud de todos estos siglos?
¿Acaso seré yo la mujer negra y alta
que corre y casi vuela
y alcanza *records* astronómicos,
con sus oscuras piernas celestiales
en su espiral de lunas?
¿En cuál músculo suyo se dibuja mi rostro,
clavado allí como un endecasílabo importado
de un país de nieve prohibida?

Estoy en la ventana
y cruza "la mujer de Antonio";
"la vecinita de enfrente," de una calle sin formas;
"la madre—negra Paula Valdés—."
¿Quién es el señorito que sufraga
sus ropas y sus viandas
y los olores de vetiver ya desprendidos de su andar?
¿Qué permanece en mí de esa mujer?
¿Qué nos une a las dos? ¿Qué nos separa?
¿O seré yo la "vagabunda del alba,"
que alquila taxis en la noche de los jaguares
como una garza tendida en el pavimento
después de haber sido cazada
        y esquilmada
        y revendida
por la Quinta de los Molinos
y los embarcaderos del puerto?
Ellas: ¿quiénes serán? ¿o soy yo misma?
¿Quiénes son éstas que se parecen tanto a mí
no sólo por los colores de sus cuerpos
sino por ese humo devastador
que exhala nuestra piel de res marcada
por un extraño fuego que no cesa?
¿Por qué soy yo? ¿Por qué son ellas?

Persona

Which of these women is me?
Or am I not the one who's talking
behind the thick bars of a nondescript window
that looks out on the abundance of all these eras?
Might I be the tall, black woman
who runs, who nearly flies,
who sets astronomical records,
with her dark celestial legs
spiraling like moons?
Which of her muscles reflects my face,
fixed there like an imported line of poetry
from a land where snow is forbidden?

I'm at the window
and there goes "*la mujer de Antonio,*"
"*la vecinita de enfrente,*" crossing a shapeless street;
"*la madre—negra Paula Valdés—.*"
Which is the young Andalusian *don* who pays for
her clothes and her vittles
and the smell of vetiver root she scatters as she walks?
What's left in me of this woman?
What holds the two of us together? What separates us?
Or might I be the "early morning wanderer"
who takes taxis in the night of jaguars
like a heron fallen to the pavement
after being hunted
    and wasted
    and resold
around the Quinta de los Molinos
and the piers of the port?
Who are they, these women? Or are they me?
Who are they, who look so much like me
not only in the color of their bodies
but in the devastating smoke
that rises from our animal hides, branded
by a strange, unceasing fire?
Why am I me? Why are they them?

¿Quién es esa mujer
que está en todas nosotras huyendo de nosotras,
huyendo de su enigma y de su largo origen
con una incrédula plegaria entre los labios
o con un himno cantado
después de una batalla siempre renacida?

Todos mis huesos, ¿serán míos?
¿de quién serán todos mis huesos?
¿Me los habrán comprado
en aquella plaza remota de Gorée?
¿Toda mi piel será la mía
o me han devuelto a cambio
los huesos y la piel de otra mujer
cuyo vientre ha marcado otro horizonte,
otro ser, otras criaturas, otro dios?

Estoy en la ventana.
Yo sé que hay alguien.
Yo sé que una mujer ostenta mis huesos y mi carne;
que me ha buscado en su gastado seno
y que me encuentra en la vicisitud y el extravío.
La noche está enterrada en nuestra piel.
La sabia noche recompone sus huesos y los míos.
Un pájaro del cielo ha trocado su luz en nuestros ojos.

Who is that woman,
the one in us all fleeing from us all,
fleeing her enigma and her long origin
with an incredulous prayer on her lips,
or singing a hymn
after a battle always being refought?

My bones: are they all mine?
Whose are all these bones?
Did they buy them for me
in that far-off plaza in Gorée?
Is all my skin my own,
or did they trade it to me
for the skin and bones of another woman
whose womb once marked another horizon,
another self, other beings, another god?

I'm at the window.
I know someone's there.
I know there's a woman flaunting my bones and my flesh;
know she's looked for me in her worn-out breast
and has found me, miserable and straying.
Night is rooted in our skin.
Wise night rebuilds her bones and mine.
A bird from the sky has transposed its light into our eyes.

(Translated by David Frye)

El café

Coffee

Madre

Mi madre no tuvo jardín
sino islas acantiladas
flotando, bajo el sol,
en sus corales delicados.
No hubo una rama limpia
en su pupila sino muchos garrotes.
Qué tiempo aquel cuando corría, descalza,
sobre la cal de los orfelinatos
y no sabía reír
y no podía siquiera mirar el horizonte.
Ella no tuvo el aposento de marfil,
ni la sala de mimbre,
ni el vitral silencioso del trópico.
Mi madre tuve el canto y el pañuelo
para acunar la fe de mis entrañas,
para alzar su cabeza de reina desoída
y dejarnos sus manos, como piedras preciosas,
frente a los restos fríos del enemigo.

Mother

My mother had no garden
but rather steep islands
floating, beneath the sun,
on their delicate corals.
She had no clean branch
in her eye but many garrotes.
What a time that was when she ran, barefoot,
on the limestone of the orphanages
and she did not know how to laugh
and she could not even gaze at the horizon.
She had no ivory chamber,
nor a wicker parlor,
nor the silent stained glass of the tropics.
My mother had the song and the handkerchief
to cradle my heart's faith
to lift her head of a queen, ignored,
and to leave us her hands, like precious stones,
before the cold remains of the enemy.

(Translated by Heather Rosario Sievert)

Presente Brígida Noyola

a mi abuela paterna

tú eres grano y volcán
cuarzo divino ancho
que se vuelve manchones en la lluvia

tu pelo largo negro
nace desde la frente opaca
y llega hasta la boca

menuda en el espíritu
voraz morena
eres cañón carbón descuartizado carne
hulla lastimosa de la noche

como la tierra creces tú

Brígida Noyola, *Presente*

for my paternal grandmother

you are a grain of sand a volcano
divine quartz wide
becoming dark spots in the rain

your long black hair
sprouts from your dark forehead
and comes down to your mouth

diminutive in spirit
voracious black woman
you are cannon charcoal quartered flesh
pitiful soft coal of night

you grow like the earth

(Translated by David Frye)

La cena

a mis padres

ha llegado el tío juan con su sombrero opaco
sentándose y contando los golpes
que el mar y los pesados sacos han propagado
por su cuerpo robusto

yo entro de nuevo a la familia
dando las buenas tardes
y claveteando sobre cualquier objeto viejo

sigo sin mirar fijamente
tomando el animal entre mis manos
distraída
pidiendo con urgencia los ojos de mi madre
como el agua de todos los días

papá llega más tarde
con sus brazos oscuros y sus manos callosas
enjuagando el sudor en la camisa simple
que amenaza dulzona con destrozar mis hombros
ahí está el padre
acurrucado casi
para que yo encontrara vida
y pudiera existir allí donde no estuvo
me detengo ante la gran puerta
y pienso
en la guerra que podría estallar súbitamente
pero veo a un hombre que construye
otro que pasa cuaderno bajo el brazo
y nadie
nadie podrá con todo esto

ahora
vamos todos temblorosos y amables
a la mesa
nos miramos más tarde

Supper

earned with a lot of work

for my parents

here comes uncle juan in his dark hat
sitting down to tell of the bruises
that the sea and heavy sacks have left
upon his robust body

Sense of the hard
people with black
heritage have to work
harder than others /
poverty

I enter the family again
greeting everyone
and staring at any ancient object

Denial my reasons she
wants to know the past
to be able to preserve her
songs and customs
a better future

I continue to avert my gaze
taking the animal in my hands
distracted
urgently yearning for my mother's gaze
like our daily water

papa comes in later on
with his dark arms and calloused hands
wiping off the sweat on his plain shirt
that threatens sweetly to destroy my shoulders
there is the father
all but curled up
so that I might find life
and could exist where he has never been
I stop before the big door
and think
about the war that could suddenly break out
but I see one man building
and another passing by notebook under arm
and no one
no one can handle all this

Again the toil

now
let's all go trembling and friendly
to the table
we look at each other later

permanecemos en silencio
reconocemos que un intrépido astro
        desprende
de las servilletas de las tazas de los cucharones
        del olor a cebolla
de todo ese mirar atento y triste de mi madre
que rompe el pan inaugurando la noche

we sit in silence
we see that a ~~fearless star~~
    detaches itself
from the napkins from the cups from the ladles
    from the smell of onion
from all the attentive sad watchfulness of my mother
breaking bread inaugurating the evening.

(Translated by David Frye)

Presente Ángela Domínguez

a mi abuela materna

tú eres un poco más ligera
cantas con trovadores y guitarras
en la noche clarísima
clara como tus ojos

pareces enredarte entre pulsas de oro
y reconocer un navío de bambú
para llevarte algunos sueños en los brazos
y respirar ahora por la paz del sepulcro

eres la dueña de la risa
        ángela
aquí en mi cuarto
has estado todos estos años en un retrato y una flor seca
mustia para los muertos

que eres la más dulce he soñado

Ángela Domínguez, *Presente*

for my maternal grandmother

you are a little more lighthearted
sing with balladeers and guitars
in the night so clear
as clear as your eyes

you seem entangled in golden bracelets
seem to see a bamboo ship
bringing you armloads of dreams
seem to sigh for the peace of the grave

you are the queen of laughter
      Ángela
here in my room
all these years you've been in a portrait and a dry musty
flower for the dead

you are the sweetest I have dreamt

(Translated by David Frye)

El hogar

Así es el hogar.

¿Suave brisa o manchas de alquitrán?
¿Pinchos de hielo o cálida magnesia?
¿Estertor o desidia?

Es un claro domingo del hogar,
donde ni la mañana, ni la tarde,
ni la noche y su ocaso se hacen indefinibles.
Es un domingo hijo de la naturaleza del hogar.
Ácido como un cítrico, es
un hogar de trabajos y lágrimas. Es
el domingo que se provee de tíos nostálgicos,
ahijados, pensamientos,
primos sin dimensión,
ayes, maledicencias.
El hogar sin recursos, de telaraña,
el hogar poco: el amargo,
el escaso, el sufrido, el penado,
el sin juguetes toscos o lujosos,
el sin lumbre para encender el fogón de carbones.
Es tan sólo un hogar para ahogar.
Un hogar que es el templo de un sano estibador:
Felipe o Fleitas o Candelario o Juan
—el suyo es un hogar muy hogar
de donde fueron desterrados los misales, las prédicas,
las promesas del paraíso celestial,
para poner en su lugar,
anémonas,
pargos
y carnadas.

Ellos, seres del mar sin mar, hijos de Yemayá,
hechos de sacos, sogas, güinches,
cubiertas, grúas y *ferries*,
desde de sus casas roídas,

Home

Home is like this.

A soft breeze or tar stains?
Icicles or warm milk of magnesia?
A death rattle or laziness?

It's a bright Sunday at home,
where neither morning, nor afternoon,
nor night and its setting sun are beyond definition.
It's a Sunday born of this home's nature.
Sour as a lemon, it's
a home of work and tears. It's
a Sunday furnished with nostalgic uncles,
godchildren, daydreams,
cousins beyond measure,
sighs, damnations.
A home with no resources, with spiderwebs,
a meager home: a bitter,
scarce, suffering, mourning
home with no toys, rough or luxurious,
a home without a flame to light its charcoal hearth.
It's just a home in which to drown.
A home that is temple to a healthy stevedore:
Felipe or Fleitas or Candelario or Juan
—his is a very homey home
from which missals and sermons and promises of heaven
have been sent into exile,
to be replaced by
anemones,
porgies,
and bait.

They, sealess creatures of the sea, children of Yemayá,
made of sacks and ropes and winches,
of decks, cranes, and ferries,
from their corroded houses,

[handwritten marginalia: "domestic moment"]

[handwritten marginalia next to "stevedore": "one who works at or is responsible for loading and unloading ships in port"]

surcan el puerto que quisieran.
Volantes y banderas salen de sus bocas saladas.
Alameda de Paula, qué reposo su hogar,
qué placidez su carne, su vida por la Muerte,
qué instante de fatuo carnaval vivieron.

cruise whichever port they choose.
Banners and flags fly from their salty mouths.
Alameda de Paula, how restful is their home,
how placid is their flesh, their life given for Death,
how fatuous the carnival moment that they lived.

(Translated by David Frye)

Richard trajo su flauta

I

sin el menor ruido
con las venas del cognac y el danzón de Romeu
se apoderaba abuelo Egües de un sillón patidifuso y tieso
    "ya no queda ningún músico de mi generación
    en Placetas
    sobre todo la banda
    una retreta mala como cará"
estamos todos juntos pero no llega el esperado
y llueve mucho fuera de la casa

cada noche reaparecen
los relatos de Juan Gualberto en la nación antigua
como el aliento de los árboles

mientras revolvíamos los discos

"la batería es lo que lleva el suín"

truena y llueve
    y llueve para ahogarnos a todos con nuestros respectivos
    catorce o quince años
ahí la muerte y luego ¿dónde estaremos todos?
miramos por la ventana frente a la estrecha calle
de la iglesia de San Nicolás
(nunca nos gustaron los curas)
es la hora de comida y picamos el pan
y tomamos cerveza

II

el piano está en la sala

la oportunidad del piano en la sala
bastaba para que distinguiéramos
    todo lo demás

Richard Brought His Flute

I

without the slightest sound
with veins of cognac and a *danzón* by Romeu
grandpa Egües took over a bowlegged stiff chair
      "aren't any musicians of my generation left
      in Placetas
      specially the band
      concert's bad as heck"
we're all here but the expected guest has not arrived
and it's raining hard outside

they reappear every night
tales of Juan Gualberto in the old country
like the breath of trees

while we turn the records over

"the drums are what keep the swing"

thunder and rain
      enough rain to drown us all each of us
      fourteen or fifteen years old
so that's death and then where will we all be?
we look out the window onto the narrow street
of the church of San Nicolás
(we never did like priests)
it's time for dinner and we split the bread
and drink the beer

II

the piano is in the living room

the occasion of the piano in the living room
was enough for us to distinguish
      everything else

toda la sala no es grande sólo el lugar del piano
"¿qué te parece si oímos un poco de música?"

allí acudimos todos sin excepción

las buenas tardes o las buenas noches
embargan el pensamiento
estamos juntos todos ¿qué más?
        juntos únicamente
aunque el cuerpo irritado de abuelo Egües
        sus espejuelos
quieran acolcharnos y enseñarnos
todos los golpes de la flauta
        además del solfeo

y buena sangre por supuesto hace falta
para atender las notas musicales
y sin saber por qué
la lejanía y la atención de uno o varios de nosotros
se hacen patentes a esta hora
a este instante de sonido y disciplina secular

el piano está en la sala

(es lunes y alguno de nosotros ha encendido su vela
        gran vela semanal para eleggua
        no hay nada que decir
sólo tomar una botella de ron al lado de la puerta)

todos virtuosos y de buenas costumbres
las niñas con las manos cruzadas
los niños practicando solfeo
refunfuñando del violín pegajoso y alcohólico

la pequeñez de todos nuestros actos se resumía
en saber si reconocíamos fácilmente un cuadro de Picasso
si los latinos si los negros vivían mejor en Nueva York

the whole living room isn't big just the piano's place
"what do you think about listening to some music?"

we all gather round, no exceptions

good afternoons or good evenings
consume thought
we're all here, what else?
    just here together
as much as grandpa Egües's inflamed body
    his glasses
might want to cushion us and teach us
all the fingerings on the flute
    and the scales besides

and of course you need good blood
to remember the notes of the music
and not knowing why
the distance and attention of one or more of us
becomes obvious at this time
at this moment of age-old sound and discipline

the piano is in the living room

(it's Monday and one of us has lit our candle
    great weekly candle for eleggua
    nothing you can say
just take a bottle of rum beside the door)

all of us virtuous and well-mannered
girls with hands clasped
boys practicing scales
grumbling on the sticky alcoholic violin

the pettiness of all our actions came down
to knowing if we could easily recognize a Picasso
if the Latinos if the Blacks lived better in New York

227

habíamos comprado por encargo del primo mayor
a Count Basie, Duke Ellington y el trío Nat Cole
y era posible obtener para diciembre
el concierto para flauta de Mozart

en toda la maravilla de la sala descansa el piano

una serpiente se levanta ahora al caer la noche

es el momento

la aparición de los relatos

III

el día que las dos viejas disecaron dos pájaros
     en algún sitio de un museo
regresamos vacíos deseosos de escuchar la música del siglo
la felicidad consistía en todo aquel placer de escuchar
sometidos a la hegemonía de una magia
para mí era primera vez
primera vez
primera que reconocía un clarinete tan feroz
     tan ahumado
     caliente
gracias a abuelo Egües aquella era la llegada de una era
para nosotros la infancia revivida
     comenzada tan sólo

sólo aquel clarinete como un puente

(y la mirada cobriza de Gladys con unas cuantas libras más)

teníamos necesidad de escuchar cada soplo
el trac de la aguja embadurnada de viejo polvo

Mozart y Europa reían muy lejos
pero también nosotros bailábamos desesperadamente
al escuchar un timbal un bajo una trompeta un guiro una flauta
reunidos en campaña

we had bought for our older cousin
Count Basie, Duke Ellington, the Nat Cole trio
and by December we might get
the Mozart concerto for flute

in the whole wondrous living room rests the piano

a serpent arises now with the fall of night

it's time

for the tales to appear

III

the day the two old women stuffed two birds
    somewhere in the museum
we returned empty hoping to hear the music of the century
happiness was that whole pleasure of listening
giving in to the hegemony of its magic
for me it was the first time
first time
first that I had heard a clarinet so fierce
    so smoking
      hot
thanks to grandpa Egües that's when a new age began
for us childhood all over again
    just beginning

just that clarinet like a bridge

(and Gladys's coppery gaze with a few pounds extra)

we had to listen to every note
the needle groove coated with old dust

Mozart and Europe were laughing far away
but we were also dancing furiously
listening to a drum a bass a trumpet a *guiro* a flute
joined in battle

o al escuchar los golpes de los parches nacidos del mismísimo
   fuego
era la primera vez la gran primera vez
y todo el silencio se reducía a escuchar
      a escuchar

IV

estamos todos juntos

suena la música

felicidades Gladys

Gladys

pero Gladys no baila

no

eso jamás

V

pronto hablábamos todos al unísono
"—los zapatos más lindos son los míos, querida"
los ojos zarandeaban la mesa y el cuadro del cisne blanco
sentíamos el peso de la tarde
a veces había ganas de gastarlo todo
      posible o imposible
en fin papá sabría

ganábamos el apoyo de abuelo Egües
con sólo dejarle esclarecer la casa
y que nos contara la época de los años mozos

acabábamos luego metiéndonos en la cocina
tratando de dominar la casa desde allí
y después regresar a los libros
cuánto deseo de devorar los diccionarios
y en mirarnos cara a cara

or listening to the drumbeats born in the selfsame fire
it was the first time the first great time
and all our silence came down to listening
      to listening

IV

we're all together

the music plays

congratulations, Gladys

Gladys

but Gladys won't dance

no

no way, never

V

soon we were all talking in unison
"—the prettiest shoes are mine, my dear"
eyes working over the table and the painting of a white swan
we felt the evening wear on
sometimes you felt like spending it all
      possible or impossible
after all papa would know

we got grandpa Egües's support
just by letting him light up the house
and tell us about when he was a young man

we ended up later crowded into the kitchen
trying to rule the house from there
and then get back to our books
what longing to devour dictionaries
and to look at ourselves face to face

para saber más tarde que iríamos unos
     a la vida
     otros a la viva muerte
a la locura y otros
a desencajarse al lado de un garand o un máuser

VI

si mirábamos nuestra piel volteábamos la vista
     hacia el televisor
allí habría al menos diversión gratuita
si mirábamos nuestros dientes comenzábamos a reír como locos
hiriéndonos de a porque sí

si abuelo Egües destornillaba un aro
o se quejaba de inigualable artritis
     entonábamos el himno a la elegancia
ahogándonos en gestos tratando de no escuchar la reprimenda

si llegábamos dementes a la clase de francés con Zaira
     —un poco tarde—
allá iba la negrona lavandera a denunciarnos
     públicamente:

(*la educación de la Niña tiene que estar primero que su propria cabeza*)
si hablábamos de los ojos de Jorge
alguien soñaba también al lado nuestro
     y discernía: "es hijo del doctor Milián"
si nos miraban otros vecinos
     negros como nosotros casualmente
entonces
     "no hay por qué preocuparse son así en estos casos"
y en fin
     todo aquel devenir aquella sala todo el piano
se nos vienen encima
como el que extraña a un familiar ajeno y muerto

VII

el sol caía en el parque atiborrado de fiñes
muchos velocípedos

to find out that later some of us would go on
    to life
    others to a living death
to madness and others
to crouch wild eyed with fear by a Garand or a Mauser

VI

if we were watching our skin we would turn around to watch
    the television
at least there we could find some free entertainment
if we were watching our teeth we would start laughing like crazy
till we ached cause we felt like it

if grandpa Egües was going off the deep end
or complaining about his unrivaled arthritis
    we would sing the ode to elegance
choking in pantomime trying not to hear the reprimand

if we were coming in demented to French lessons with Zaira
    —a little late—
there would be the big old black laundress denouncing us
    publicly:

(*the Girl's education has to come first, before her own head*)
if we were talking about Jorge's eyes
someone would also be dreaming by our side
    and pointing out: "he's Doctor Milián's son"
if other neighbors were watching us
    as black as us it just so happens
then
    "no point in worrying they're like that in these situations"
and after all
    that whole process that living room the whole piano
all coming down on us
like when you miss a relative who's far away and dead

VII

the sun was setting in the park packed with kids
lots of bicycles

yo acompañaba a Gladys a dar el paseo
        de todas las tardes
muchísimo ruido
y me preguntaba entonces cómo eran mis padres
si volaban de noche
si se les abría un hueco en la garganta al nombrarme

el calor sofocaba la tarde
Gladys y yo como de costumbre
solicitábamos el cine
salir a comprar numerosos inmensos vestidos
        para darlos al cielo

"hay que ser elegantes"

regresamos a casa

VIII

los orishas nunca se hicieron eco de nuestras voces
        sabíamos que rondaban la casa
y que amedrentaban como güijes toda la maldición
alguien estaba o residía
        soberanamente
un simple palo o bejuco era su atmósfera
soplar por él con toda la fuerza de un negro enamorado

los orishas oscilaban tranquilos alrededor de los dedos
los dedos de la mano derecha disminuían el ritmo
        lentamente
el esperado trae su flauta

todos pedíamos su presencia alrededor de la mesa caoba
el oro del hogar se derrumbó sobre sus hombros
        misteriosamente
maravilloso estar entre nosotros Richard
        con esa flauta sola

I was accompanying Gladys on her stroll
    her afternoon stroll
so much noise
and me wondering so how are my parents doing
do they fly at night
do they get an empty space in their throat when they say my name

the afternoon heat was stifling
Gladys and I as always
asked permission to go to the movies
to go shopping for many enormous dresses
    just to give them to heaven

"we have to be elegant"

we returned home

VIII

the *orishas* never echoed our voices
    we knew that they walked the house
and that like *güijes* they frightened off all ill will
someone lived or dwelled
    supremely
a simple stick or cane was his atmosphere
blowing through it with all the power of a black man in love

the *orishas* fluttered peacefully about his fingers
the fingers of his right hand slowed down the rhythm
    gradually
the expected guest has brought his flute

we were all begging for him to sit at the mahogany table
the gold of our home rained down on his shoulders
    mysteriously
how wonderful to have Richard among us
    with just that flute

(Translated by David Frye)

Tata ante la muerte de Don Pablo

A Rosa Amelia González

Mohína y serena
sin la trenza engañosa,
en un silencio embalsamado,
miras el paso de la muerte
llegar.

Tu boca firme dice
con la pausa del ave
en la llanura:
La muerte es la mejor de las desgracias
porque borra todas las demás.

Tata at the Death of Don Pablo

For Rosa Amelia González

Sullen and calm,
without the deceptive braid,
enveloped by an embalmed silence,
you watch the steps of death
approach.

With the pause of the bird
in the plains
your steady mouth proclaims:
Death is the best of all misfortunes
for it erases all the others.

(*Translated by Gabriel Abudu*)

Elegía de las conversaciones

Acaba de morir
    Rolando Coves
y es ya conversación
    de cada día.
Allá va su pañuelo
y tras él van sus hijos.
Esta quisiera ser
una elegía de sus conversaciones.

Habló poco, usted sabe.

Puntual, llegaba del taller,
como quien nada quiere,
como quien nada pide,
al final de la tarde,
en el transcurso del café,
bajo el hollín de Tallapiedra.
Hablaba poco, claro,
y adoraba a sus hijos,
sus hijos como hermanos
y besaba a su Rosa con el amor de Dios.

Habló bien poco, Coves.

Era de un pueblo rústico
y amaba la madera.
La madera cantaba entre sus uñas.
Era un pueblo chico
y Rosa, su mujer,
amaba la madera de su carpintero.
Espuma de virutas
inundaba la sala
y se echaba en el quicio
esperando el trino de los gallos.
Oh mi viejo hacedor
entre las tablas familiares,

Elegy for the Conversations

He has just died,
    Rolando Coves,
and already he is everyday
      conversation.
There goes his handkerchief
and behind him go his children.
This could be
an elegy of his conversations.

He spoke little, you know.

Punctual, he arrived from the workshop
like someone who wants nothing
like someone who asks nothing,
at the end of the afternoon,
in the course of time at the *café*
beneath the soot of Tallapiedra.
He spoke little, clearly,
and he adored his children,
his children like brothers
and he kissed his Rosa with the love of God.

He spoke very little, Coves.

He was from a rustic town
and he loved wood.
The wood sang between his nails.
It was a small town
and Rosa, his wife,
loved the wood of her carpenter.
Foam of wood shavings
inundated the living room
and he threw them out in the yard
waiting for the crow of the roosters.
O my old creator
among the familiar boards,

sombreros y periódicos.
Oh carpintero de las horas perpetuas:
tu madera era boa sobre sí
devorando butacas, camas,
aparadores, sillas,
vitrinas repujadas,
sillones, mesas, cuadros,
escaparates chinos.
Qué ilusión en tu arte
cuando podías hablar de lo que hacías.
Hiciste tuyo el mundo
marcándolo, fijándolo
para no perecer;
y ya ves, ni la madera tibia
que te sirvió en la vida
pudo evitar tu inevitable rumbo
sino que te enlazaba para el viaje.

Eras así, querido.
Hablabas poco y te nos ibas.
Eras así,
las piernas tan cruzadas,
las sierras amarillas
y el legendario bombín de Bernardino
en La Fraternidad. Eras así
y no sabíamos que tu mano enseñaba
más allá del silencio.

Oh mi viejo hacedor,
oh carpintero de las fábulas,
cuánto deseo conversar a tu lado,
cuánto agradezco a tus maderas
fijas y henchidas,
lentas y abiertas,
imanes de mi única niñez.

Oh carpintero de los barrios.
Rosa regresa con sus panes,
Rosa regresa con sus peces,

hats, and newspapers.
O carpenter of the perpetual hours:
your wood turned to boa
devouring armchairs, beds,
cupboards, chairs,
embossed showcases,
rocking chairs, tables, pictures,
Chinese cabinets.
What illusion in your art
when you were able to speak about what you made.
You made the world yours
marking it, fixing it
so as not to perish;
and now you see, not even the warm wood
that served you in life
could avoid your unavoidable course
rather, it bound you for the voyage.

So you were, dear one.
You spoke little and you were going to leave us.
So you were,
the legs so crossed,
the yellow saws
and the legendary hat of Bernardino
in *La Fraternidad*. So you were
and we did not know that your hand taught
beyond silence.

O my old creator,
oh carpenter of legends,
how I wish to converse at your side,
how grateful I am to your woods
fixed and stuffed,
heavy and open
magnets of my only childhood.

O carpenter of the neighborhoods.
Rosa returns with her breads,
Rosa returns with her fishes,

con su sonrisa de coral . . .
Hay un rincón para tu arroz, para tu carne.
Eras de un pueblo chico
y amabas la ilusión.
La madera cantaba entre tus manos.
Esas vetas tan cálidas
que brotan de tu mesa
mecieron los recuerdos
en tu lengua dormida.
Así te podrán ver
los que hoy te lloran.
Allá va tu pañuelo
y tras él van tus hijos.
Oh carpintero del adiós verdadero:
vives como no viven
los que mueren sin causa;
vives en tu fiel muerte diaria.
Oh mi amigo que hablabas
como el tenue murmullo del madero.

with her smile of coral . . .
There is a corner for your rice, for your meat.
You were from a small town
and you loved illusion.
The wood sang between your hands.
Those wood grains so warm
that issue from your table
stirred the memories
on your sleeping tongue.
So they will be able to see
those that today cry for you.
There goes your handkerchief
and behind it go your children.
O carpenter of the true good-bye:
you live as do not live
those who die without cause;
you live in your faithful daily death.
O my friend who spoke
like the tenuous whisper of the wood.

(Translated by Heather Rosario Sievert)

Un patio de la Habana

A Gerardo Fulleda León

Un patio de La Habana,
como pedía Machado,
es caro a la memoria.
Sin altos muros,
sin esa lumbre intrépida
del arcoiris,
sin la flor andaluza
que tanto abuela reclamaba
en los búcaros . . .

Un patio de La Habana
conserva huesos de los muertos
porque ellos son anchos tesoros,
viejas semillas de labrador.

Un patio, ay, de donde sale
tanta estrella.

A Havana *Patio*

For Gerardo Fulleda León

A Havana *patio*,
as Machado requested,
is dear to memory.
Without tall walls,
without that intrepid glow
of the rainbow,
without the Andalusian flower
grandmother so much demanded
in the flower vases . . .

A Havana *patio*
preserves the bones of the dead
for they are ample treasures,
a farmer's old seeds.

A *patio*, ay, from where
so many stars twinkle.

(Translated by Gabriel Abudu)

A la sombra de los tranvías

A Eliseo Diego

A la sombra de los tranvías
abuela, ¿traía recogida una trenza
o era el relato familiar
quien lo afirmaba?
Mi pobre abuela . . . que nunca vi.

In the Shadow of the Streetcars

to Eliseo Diego

In the shadow of the streetcars
Grandma, did she weave her hair into a braid
or was it a family story
that affirmed it?
My poor Grandma . . . whom I never saw.

(Translated by Heather Rosario Sievert)

El café

Mamá trae el café desde remotos mares
como si la historia de su vida
rondara cada frase de humo
que se entrelaza entre ella y yo.
Inusitada del amanecer, sonríe.
Y saltan sobre su cabello de azúcar
las pulseras de oro.
Y el hilo sobrio de su infancia
pervive entre las dos.

Quisiéramos un alto flamboyán de la montaña
a cuya justa sombra durmiese el trovador.

Coffee

Mama brings coffee from remote seas
as if the story of her life
hovers around each smoky sentence
that weaves itself between us.
Bewildered by dawn, she smiles.
And golden bracelets spring
from her sugary hair.
And the sober thread of her childhood
endures between us.

We would like a tall *flamboyán* from the mountain
in whose daunting shade a troubadour might sleep.

(Translated by Heather Rosario Sievert)

Puerta de un puente

Si se cerrara la puerta de un puente subterráneo
quedaríamos sepultados
                         aquí en la superficie.
Se cierran las puertas de este lado
y se huele todo como hierba húmeda
de llanto y de trabajo.
Pero si alguien ha colocado sus súplicas
dentro de cada puente
                         destrúyanse los mares
los suelos las especies las clasificaciones
las fuentes de un rumor subterráneo.
                         Recuerdo . . .
Si se cerrara la puerta . . .
quedaríamos sepultados todos.

Door to a Bridge

If the door of a subterranean bridge were closed
we would be left buried
                              here on the surface.
The doors of this side are closed
and everything smells like moist grass
of tears and of work.
But if someone has placed her pleas
within each bridge,
                              may they be destroyed, the seas
the ground the species the classifications
the fountains of a subterranean rumor
                              I remember . . .
if the door were closed . . .
we would all remain buried.

(Translated by Heather Rosario Sievert)

Pogolotti

Para Graziella, por supuesto

Antes de ser el nombre de un pintor,
de un gran pintor cubano,
Pogolotti, en mi infancia,
era una rústica ruta de malezas
que conducía a una casona alta,
larga y profunda,
con un patio de cercas de madera
acartonado por calabazas y yagrumas lentas
y un olor excitante a chilindrón de chivo.
En Pogolotti pasé tantos domingos
de quimbombó bajo los mangos,
de azúcares y miel para recién nacidos,
de "no se vayan todavía
que ahorita viene Silvio
para que vea a las niñas."
Todo cantaba al mediodía
cuando las chimeneas de las pequeñas fábricas
ascendían con sus humos
como una plegaria contra la intemperie
y la necesidad escondida.
Me abrazaba madrina
y yo miraba hacia la calle sin asfaltar
mientras pasaban los estibadores sin empleo,
los estibadores fustigados por el silbido industrial
        del *ferry* en los muelles.
Como en los murales mexicanos,
el aire se hacía aristas,
las aguas hervían en un fastuoso plenilunio,
el plomo de los torneros caía en el alma
como una sangre desplomada al vacío.
De pronto, muchos años después,
aquellas chimeneas,
aquellos músculos selváticos,
se dieron a la fuga para siempre
y fueron encontrados,

Pogolotti

For Graziella, of course

Before it became the name of a painter,
that of a great Cuban painter,
Pogolotti, in my childhood,
was a rough grassy road
which led to a house that was tall,
long and wide,
with a wood-fenced *patio*
ridged with pumpkins and slow-climbing *yagrumas*
and an exciting smell of goat soup.
At Pogolotti's I spent so many Sundays
with gumbo under the mango trees,
with sugars and honey for newborn babies,
with "don't leave yet
for Silvio is coming soon
so that he can see the little girls."
Everything sang at midday
when the chimneys of the small factories
rose up with their smokes
like a prayer against inclement weather
and concealed need.
Godmother embraced me
and I looked toward the unpaved street
as the unemployed dockworkers walked by,
dockworkers hounded by the industrial siren
        of the ferry on the docks.
As in Mexican murals,
the air became crisp,
the waters boiled in a splendid full moon,
the lead of the lathe turners fell heavily on the soul
like blood spilling into emptiness.
Suddenly, many years later,
those chimneys,
those rough muscles,
fled away forever
and were found,

infinitos domingos después,
en los cuadros de Don Marcelo,
adormecidos en su vigilia soñadora,
en mi infancia lejana,
entre la vanguardia y las aulas,
entre Marinetti y Prévert,
entre el pasillo umbroso de un museo
y el patio de los chivos.

infinite Sundays later,
in the paintings of Don Marcelo,
asleep in their dream vigil,
in my childhood of long ago,
between the avant-garde and the classrooms,
between Marinetti and Prévert,
between the shady hallway of a museum
and the goat yard.

(Translated by Gabriel Abudu)

La claridad

Clarity

I

Hoja de hierba

La hoja de hierba
inmóvil, seca, yerta.

Se hace la luz de súbito
y una mujer está volando
sobre una piedra del sol.
Manos en el vacío.
Ojos inscritos en la duna.
Cornos trinando ante el portón.

¿Quién llevará
la hoja de hierba
hasta las curvas innombradas
del agua?

La hoja de hierba
móvil, muy húmeda,
palpita en sus dominios.

I

Leaf of Grass

The leaf of grass,
motionless, dry, still.

Suddenly light appears
and a woman is flying
above a sunstone.
Hands in the void.
Eyes inscribed on the dune.
Horns trilling before the front door.

Who will take
the leaf of grass
to the unnamed curves
of the water?

The leaf of grass,
mobile, very moist,
flutters in its domains.

(Translated by David Frye and Nancy A. Hall)

Flautas

¡Al menos flores, al menos cantos!
Cantos de Huexotzingo

Flautas, flautas terrestres
y el caracol sediento
entre la noche.
El dios y el garabato.
Flautas amenas, flautas
en un enjambre de los poros.

Oh flores sobre el mundo,
en la vasta quietud.

Oh flores redivivas.
Oh flautas.

Oh flores enjauladas.
¡Al menos cantos, al menos flores!

Flutes

At least flowers, at least songs!
          Songs of Huexotzingo

Flutes, terrestrial flutes
and the thirsting snail
in the midst of night.
A god and a grappling hook.
Charming flutes, flutes
in a swarm of pores.

O flowers covering the world
in the vast stillness.

O resuscitated flowers.
O flutes.

O flowers in your cages.
At least songs, at least flowers!

(Translated by David Frye and Nancy A. Hall)

Ámbar

Entre un jardín y otro jardín
la música del ámbar
sencilla, luenga, atávica.

Entre las águilas y la pirámide
las redes fijas del ámbar,
sutiles, ciertas, deleitosas.

Entre la miel y la campana
la suelta risa del ámbar,
como ave transcurrida
en su maternidad.

Amber

In between garden and garden,
the music of the amber:
simple, lengthy, atavistic.

In between eagles and pyramid,
the fixed nets of the amber:
subtle, certain, delightful.

In between honey and bell,
the carefree laughter of the amber:
like a bird gone past
her time for motherhood.

(Translated by David Frye and Nancy A. Hall)

Suite recobrada

—Dame el hacha florida
para segar tus ojos.

—Dame la imagen del mar
para crecer
en sus adentros.

—Silba la tonada tolteca
y agita el corazón
de la balanza.

—Dame el firme aroma
del helecho
y el amarillo
del canario.

—Dame el aliento chico
de los dioses, ahora.

—Silba los toques nuevos
en el fuego radiante
que Changó te dará.

—Dame la prisa alada
de las nubes que corren
hacia el geranio en flor
de Cuernavaca.

—Dame la arcada fiel
de los milagros y los muertos
que alumbran las canoas.

—Silba la risa pura
del pescador
en las orillas
que salta el pez,
el sabio pez
de la esperanza.

Recovered Suite

—Give me the flowery ax
for cutting out your eyes.

—Give me the image of the sea
for growing
inside its gut.

—Whistle the Toltec tune
and rouse the heart
in the scales.

—Give me the solid scent
of fern
and the yellow
of the canary.

—Give me the minor breath
of the gods, right now.

—Whistle the new beats
in the radiant fire
that Changó will give you.

—Give me the winged speed
of the clouds that race
toward the blooming geranium
of Cuernavaca.

—Give me the faithful arcade
of the miracles and the dead
that light up the canoes.

—Whistle the pure laughter
of the fisherman
on the banks
where the fish jumps,
the wise fish
of hope.

(Translated by David Frye and Nancy A. Hall)

Jardín sobre pirámide

Miras el sol y aguardas.
Tus ojos, limpios como la mañana,
ascienden la pirámide infinita
que llega a descubrir
el perfume que embalsaman
las rosas.

Miras la luna y tiemblas.
Tus ojos, siervos de lo nocturno,
descienden a la tierra rojiza
que alcanza a deslumbrar
las grutas escondidas
del gusano.

Estás en lo más alto,
giras, aspiras el aire
de los valles y tus manos
han creado ese vasto jardín
que nos circunda y nos derrota
y nos conduce al camino
de las ensoñaciones.

Garden atop Pyramid

You watch the sun and wait.
Your eyes, clean as morning,
ascend the infinite pyramid
that comes to discover
what perfume the roses
might embalm.

You watch the moon and tremble.
Your eyes, servants of the night,
descend to the reddish earth
that manages to dazzle
the hidden caves
of the worm.

You're at the highest point,
you spin, you breathe the air
of valleys, and your hands
have created the vast garden
that circles us and defeats us
and leads us to the path
of fantasies.

(Translated by David Frye and Nancy A. Hall)

Papagayos

Nómadas en la luz,
los papagayos arden
entregados
     a su danza araucaria.

No saben qué es el cielo.

La tierra los acoge
y giran en noviembre.

Denso color entre sus garras.

Chasquidos, como lunas,
los de sus lenguas húmedas.

El islote los baña.

Calor de las raíces.

Y un vacío del verano
viene y va,
     canta y llora,
trayendo algas
del fondo de los mares,
cargando con las enredaderas
en su centro,
     desde la danza azul
que los envuelve,
       mientras llueve.

Parrots

Wanderers in the light,
the parrots are burning,
absorbed
      in their araucarian dance.

They have no idea what sky is.

Earth embraces them,
and they spin in November.

Dense color held in their talons.

Clacking, like moons,
from their moist tongues.

The rocky isle bathes them.

The warmth of roots.

And a void of summer
comes and goes,
      sings and cries,
bringing seaweed
from the depths of the seas,
burdened with the creeping vines
in its center,
         from the blue dance
that surrounds them,
           while it rains.

(Translated by David Frye and Nancy A. Hall)

Redes

En el centro del mundo
caen las redes
y los peces aúllan
durante el plenilunio.

La bailarina
entre las redes.

Redes opacas
como troncos.
Redes inmarcesibles.

Y las sales del mar
pululando en la luz.

La bailarina
entre las redes.

Verás las redes
en la noche
ya junto al corazón
y la balada peregrina
entrará por tu boca
y los salterios
alarmantes
entonarán la música
más fiel,
     la música
bravía de las almas
amenas,
     en el polvo del día.

La bailarina
entre las redes
del perfume desértico.

Nets

In the center of the world
the nets fall
and the fish howl
under the full moon.

The ballerina
among the nets.

Nets, opaque
as tree trunks.
Nets, imperishable.

And the sea salts
teeming in the light.

The ballerina
among the nets.

You'll see the nets
at night now
next to your heart
and the wandering ballad
will enter through your mouth
and the alarming
psalteries
will intone the most faithful
music,
    the wild
music of agreeable
souls,
    in the dust of the day.

The ballerina
among the nets
of desert aroma.

Y las redes
        cambiantes
sobre la bailarina
y los ojos
        del musgo
sobre la hierba linda.

En el centro del mundo
la bailarina
entre las redes.

And the nets,
     changing,
above the ballerina,
and the eyes
     of the moss
above the lovely grass.

In the center of the world,
the ballerina
among the nets.

(Translated by David Frye and Nancy A. Hall)

Pueblerina de Taxco

Mucha ha sido la bruma,
                para ti;
muchos los avatares
y muchos los abriles
que engrasaron tu pelo.

Esta provincia,
                entre la plata de los cerros,
frente a la mina calculada,
te arrulla como a nadie
                y tu vida es un túnel
que ya nos lleva a la ciudad de los espejos.

Esa ha sido tu suerte
y volverá la duna
a florecer desde *la suave patria*.

Village Girl from Taxco

The mist has been plentiful,
　　　　　for you;
many the vicissitudes,
and many the Aprils
that slicked your hair.

This province,
　　　　　amidst the silver of the hills,
before the calculated mine,
lulls you as it does no one else,
　　　　　and your life is a tunnel
that leads us now to the city of mirrors.

This has been your lot,
and once again the dune will
flower from *the sweet homeland.*

(Translated by David Frye and Nancy A. Hall)

II

Nunca vi grandes lagos

En esta isla que me viera nacer,
nunca vi grandes lagos,
o breves lagos verdes,
          o amarillos,
o simples lagos límpidos
en el centro del valle.

Mas cuando silba el huracán,
mis ropas se desgajan
y el nudo en la garganta,
y el salto que sube hasta los sesos,
y el nido de mis gorriones
revuelto, húmedo, vacío . . .

II

I Never Saw Great Lakes

In this island which witnessed my birth,
I never saw great lakes,
or small green lakes,
                    or yellow ones,
or simple crystalline lakes
in the middle of the valley.

But when the hurricane blows,
my clothes are torn off
and the knot in my throat,
and the leap that reaches my brains,
and the nest of my sparrows
tangled up, wet, empty . . .

(Translated by Gabriel Abudu)

La claridad

A la manera de un poeta romántico . . .
Para Roberto Fernández Retamar

Cántame, pájaro que vuelas
sobre el espacio austral
que desconozco. Húndete
en mi sed de persona
y pósate en los dedos
que conforman mi mano.
Iremos a la floresta,
después que la lluvia
haya posado su cansancio
en la tarde. Después
que el sol haya alzado
su cabeza dorada
a través de las sonantes
hojas verdes.

La tarde es una sola,
en Greenwood o Almendares.
La puerta blanca de mi alcoba
se entreabre ya.
Rayos solos de luz
se cuelan desde allí,
alcanzando mis pies en reposo.

¡Qué humedad la que deja el chubasco
en el verano!
Este mediodía, que ya deja de ser
por el canto de un pájaro,
se esfuma con el tiempo.

Naces y mueres, claridad.
Nacemos y morimos
en esta isla de la borrasca.
Ven hacia mí,
ay, cántame, pájaro de Cuba,
en la frescura de la patria.

Clarity

In the style of a romantic poet . . .
For Roberto Fernández Retamar

Sing to me, bird overflying
that southern space
I've never known. Plunge yourself
into my human thirst
and alight upon the fingers
that form my hand.
We'll enter the grove,
after the rain
has gently set its weariness
to rest in the afternoon. After
the sun has lifted up
its golden head
between the sonorous
green leaves.

The afternoon is one alone,
in Greenwood or in Almendares.
The white door of my bedroom
is already half ajar.
Single rays of light
filter in through there,
to reach my resting feet.

These squalls make it so humid
in the summer!
This midday, already slipping away
through a bird's song,
vanishes with time.

You are born and you die, clarity.
We are born and we die
on this storm-tossed island.
Come to me,
ay, sing to me, bird of Cuba,
in the fresh coolness of the homeland.

(Translated by David Frye)

Saltimbanquis

Vamos, Brígida; vámonos.
Apaguemos las luces de la comarca.
Alcancemos a nuestros saltimbanquis.
Allá los diviso, ladeando el borde
de Ciego de Ávila. El sudor
de sus ropas está presente
como su misma compañía.

—¿Y esós quiénes son?—,
me preguntarás enseguida,
curiosa de todo como nunca.
—Son meras figuras andariegas, almas vivas,
brujos, cantores, talabarteros, cómicos de la legua,
traídos desde muy lejos,
recién azotados en el pueblo
por el que acaban de transitar y vivir.
Vamos con ellos. Bebamos de sus jícaras—,
te diré, simplemente.

Partimos con la mojiganga alborotada.
Nuestras filas desbordando injurias,
cepos, alacranes, iruques, culebras,
yucas, flautas, pájaros, yagrumas.

Y con la paciencia de Brígida,
ay, en amasijo,
fuimos todos andando por la inmensa
llanura. Así que
fieras y soldados comenzaron a perseguirnos.
Por fin, casi diezmados, degollaron nuestras vacas.
¡Qué pena tan incierta!

Dejamos nuestros huesos a su paso,
a la luz de la mañana,
ya entrando a Camagüey.

Jugglers

Come on, Brígida, let's go.
Let's turn out the lights in this county.
Let's catch up to our jugglers.
I can see them up there, circling round the edges
of Ciego de Ávila. The sweat
on their clothes is with us,
just like they are.

—And who are they?—
you'll ask me right away,
curious about it all like never before.
—Mere wandering characters, living souls,
witches, singers, saddle makers, comedians a mile away,
brought in from way off far,
whipped right now in the town
they just passed through, just lived in.
Let's go with them. Let's drink from their drinking gourds,—
I'll tell you, simply.

We left with the crowd of riotous mummers.
Our troops bursting through insults,
stocks, scorpions, *iruques*, snakes,
yuccas, flutes, birds, *yagrumas*.

And with Brígida's patience,
ay!, all jumbled up,
we all went walking over the endless
plain. And so
wild beasts and soldiers began to pursue us.
At last, nearly decimated, they butchered our cows.
What doubtful sorrow!

We left our bones along the path,
in the morning light,
as we entered Camagüey.

(Translated by David Frye)

Los días del verano

Ah, los días del verano
Andersen

Cómo vencer el esplendor de los días.
Llegan, de súbito, como sábanas blancas
y las lunas de la mañana son perpetuas
hasta que se enciende la noche secular,
hija también de los veranos.

Y luego, el mediodía,
aventajado por el océano. Y el niño
—con sus ojos preciosos—
zarpando sobre cada gesto salado de la espuma,
contemplando la arena y el castillo,
indicando con su sombrero mínimo
el vaivén de las naves,
el duro trazo de las redes
sobre el muelle florido.

Llegan las muchachas de oro,
como ávidas mestizas de las islas,
y sus voces se escuchan encima de las naves
y los velámenes henchidos . . .
Y tú
quieres atraparlos a todos
y quieres que los días del verano
aguarden a tus pies,
ansiosos por tus lágrimas y tu sabiduría y tu docilidad.
Pero todo es inútil.

¿Cómo vencer el esplendor de los días?
—te preguntas.

Ah, los días del verano
pasarán. Pasarán como tú.
Pasarán como el mar.

The Days of Summer

Ah, the days of summer
                    Andersen

How to overcome the splendor of the days.
All of a sudden, they arrive, like white sheets
and the early morning moons are ever present
until the secular night,
also daughter of the summers, lights up.

And then, midday,
overcome by the ocean. And the little boy
—with his beautiful eyes—
sailing over each salty movement of the surf,
contemplating the sand and the castle,
showing with his tiny hat
the swaying of the ships,
the straight line of the nets
over the flower-covered dock.

The golden girls are arriving,
like avid *mestizas* from the islands,
and their voices are heard over the ships
and the swollen sails . . .
And you
want to catch them all
and you want the summer days
to wait at your feet,
longing for your tears and your wisdom and your meekness.
But all is futile.

"How do I overcome the splendor of the days?"
you ask yourself.

Ah, the days of summer
will pass. They will pass like you.
They will pass like the sea.

Nadie los ha atrapado.
Allá van deseosos,
creciendo en su muerte intensiva.
Y tú entre ellos, aquí a la orilla
de los frutales y la dársena,
sentada, apenas muda,
con el blusón abierto
y el agua azul, cruzada, inundando tu pecho.

No one has stopped them.
There they go, full of wishes,
advancing in their intensive death.
And you are among them, here, at the edge
of the fruit trees and the harbor,
seated, almost speechless,
with your blouse open
and the blue water, crossed, drowning your chest.

(Translated by Gabriel Abudu)

Junto al golfo

galeotes dramáticos, galeotes dramáticos
Nicolás Guillén

La meseta del indio
nos avisa
la fragancia del golfo.
Manatí,
     flecha en boca,
atrapa el archipiélago de su jardín.
Orillas enlutadas,
dientes de tiburón,
las gubias y las conchas,
los valles olorosos,
transparencias del cielo a la corriente,
entre las firmes playas del golfo:

Islas sobre islas. Islas del canto.
Islas. Canto del mar sobre las Islas.
Y mis ojos que bogan
por los bordes humeantes de las hierbas.

Caribe de la asfixia, tu pasado perdido,
tu habla y tu pulmón.
El verde de la flecha,
las ciudades perpetuas de la Luna,
los calendarios,
las humaredas
pero veo
     "los galeotes dramáticos,"
el corsario sombrío
con su arco de napalm
en el fondo del golfo.

Cimarrón en la noche estamos en las aguas
azules y encuentras nuevas islas
nuevos seres
        que nadan junto al mar.

By the Gulf

dramatic galley slaves, dramatic galley slaves
Nicolás Guillén

The Plateau of the Indian
lets us know
of the fragrance of the gulf.
Manatee,
     arrow in mouth,
ensnaring the archipelago in its garden.
Shores in mourning,
teeth of shark,
chisels and conch shells,
sweet-smelling valleys,
clarity from sky to current
among the firm beaches of the gulf:

Islands upon islands. Islands of song.
Islands. Song of the sea upon Islands.
And my eyes floating
along the steaming shores of grass.

Suffocating Caribbean, your lost past,
your speech, your lung.
The green of the arrow,
the everlasting cities of the Moon,
the calendars,
the clouds of smoke,
but I see
     "the dramatic galley slaves,"
the somber corsair
with his napalm bow
at the bottom of the gulf.

Runaway slave, at night we are in the blue
waters and you are finding new islands
new beings
     swimming by the sea.

La brisa en el atardecer de cobre,
el sol naciente
sobre la espalda de mil años,
vibración del lagarto,
puente de las bodegas,
el rayo de Changó y el chivo.

La sangre es quien nos pide
la urgencia
                de este mundo:
Alzad las lanzas,
                        las retinas,
la miel y el garabato
que somos el golfo para siempre.

Breeze in the copper afternoon,
sun rising
on the back of a thousand years,
throbbing of the alligator,
bridge to the warehouses,
lightning bolt of Changó, and the goat.

It's our blood that demands
we make haste
            in this world:
Raise high your lances,
                your retinas,
your honey and your grappling hook,
for we are the gulf forever.

(Translated by David Frye)

Mundos

Mi casa es un gran barco
que no desea emprender su travesía.
Sus mástiles, sus jarcias,
se tornaron raíces
y medusas plantadas en medio de la mar;
a estas alturas,
¿podré nombrar el mar
oteado por el sol
o por el oro fétido del galeón desollado?

Mi casa es un gran barco
que resguarda la noche.
Quiero los vinos leves de su espuma.
Quiero los hierros fuertes de sus corrales.
Quiero, al fin, la lenta y prístina llanura
derramada en los ojos.
Oh los ojos furtivos del pasado mortal.

Mi casa es un gran barco
rodeado de aguas nuevas
donde clavo mis manos
y las pupilas que he traído.
Bailar, bogar, llorar y andar
entre los peces de cubierta.
Viejo mundo el que amo,
nuevo mundo el que amo,
mundos, mundos los dos, mis mundos:
Oh las tortugas sacras;
ay, las algas;
ah el nombre de la mujer costeña,
anclada en el centro de un mundo.

Vivo en el sesgo tallado de la espiga.

"Vamos a andar," me dijo alguna vez,
con su aliento amoroso, aquel esclavo.

Worlds

My house is a big boat
that has no desire to undertake its journey.
Its masts, its ropes,
became roots
and jellyfish planted in the middle of the sea;
at this stage,
can I proclaim the sea
bathed by the sun
or by the fetid gold from the stripped galleon?

My house is a big boat
protected by the night.
I want the light wines of its surf.
I want the strong irons of its corrals.
I want, at last, the slow and pristine plain
that spills out in the eyes.
O the stealthy eyes from the deadly past.

My house is a big boat
surrounded by new waters
where I plant my hands
and the pupils I have brought.
Dancing, rowing, crying, and walking
among the fishes on deck.
Old world that I love,
new world that I love
worlds, both worlds, my worlds:
O the sacred turtles;
ay, the seaweed;
ah the name of the coastal woman,
anchored in the center of a world.

I live on the pointed slant of the masthead.

"Let's walk," that slave,
with his loving breath, said to me once.

Y ambos sembramos nuestras piernas
como troncos incólumes, como nidos fundados;
abrazándonos bajo la tempestad.
"Piensa en el tiempo de la piedra pulida
que siempre llega aquí
para lanzar el arco y otra vez el origen,"
volvió a decirme
y ya su alma dejaba de estar sola,
y ya su boca misma era una isla ardorosa,
harta de frutas, lenguas, olas y pergaminos.
Mi casa es un gran barco
sin demonios apenas
porque los conminé a la retirada;
porque quiero la dicha como regla suprema;
como regla suprema quiero el violín,
la contradanza ilesa en su vaivén.

Mi casa es un gran barco
y trazo con mis venas el mapamundi nunca visto
de los islotes a mi diestra.
Vivo en mi casa que es un barco
(qué poderoso barco me cobija).
Vivo en mi casa que es un barco
(qué poderosa espuma me refresca).
Vivo en mi barco vivo
amparada del trueno y la centella.
Mi casa es un gran barco
digo
sobre la isla dorada
en que voy a morir.

And we both planted our legs
like immovable trunks, like secure nests;
embracing each other under the storm.
"Think about the time of the polished stone
which always arrives here
to launch the bow and again the origin,"
he told me again
and now his soul was not alone anymore,
and now his mouth was a flaming island,
full of fruits, tongues, waves, and parchment.
My house is a big boat
without demons
because I urged them to leave;
because I want bliss as supreme rule;
as supreme rule I want the violin,
the *contradanza* intact in its swaying.

My house is a big boat
and I trace with my veins the world map never seen
of the small islands to my right.
I live in my house which is a boat
(a powerful boat shelters me).
I live in my house which is a boat
(a powerful sea spray refreshes me).
I live in my living boat
sheltered from the thunder and the lightning.
My house is a big boat
I say
on the golden island
where I am going to die.

(*Translated by Gabriel Abudu*)

Alfombra

Carpet

I

Estoy contigo, oh tiempo bello

¿El tiempo no ha pasado hasta hoy? ¿Tú,
    tampoco has pasado?
Estoy contigo, oh tiempo bello.
Ese rostro que amo en el instante es tu mejor
    disfraz.
Esa cabeza amada ya no es tal sino tú.
El agua contra el rocaral y el tiempo no ha
    pasado.
Y la sorpresa chirria en la mañana cuando me
    alzo
y me despierto y tú apareces, como siempre,
    perecedero y fijo,
        "y es el gran frío."

I

I Am with You, O Beautiful Time

Has time not passed today? Have you
    not passed either?
I am with you, oh beautiful time.
That face I instantly fall in love with is your best
    disguise.
That beloved head is now nothing but you.
The water is beating against the rocks and time has not
    passed.
And surprise creeps up in the morning when I
    rise up
and wake up and you make your appearance, as usual,
    transitory
and fixed,
    "and it is the great chill."

(Translated by Gabriel Abudu)

Desilusión para Rubén Darío

Un pavo real blanco pasa.
                                    R.D.

Si pasa un pavo real por mi costado,
haré como que cuidas su figura,
sus piernas, su chasquido de patas,
su presunto caminar agobioso,
su largo cuello;

pero es que hay otro pavo real que no pasa esta vez,
pavo real modernísimo,
que azora al poeta de cabellos lacios,
de traje carcomido por el salitre del océano;

pero es que hay otro pavo real no tuyo
que yo desgarro sobre el patio de mi casa imaginaria,
al que retuerzo el cuello casi con pena,
a quien creo tan azul tan azul como el azul del cielo.

Disillusion for Rubén Darío

A white peacock passes.
                    R. D.

If a peacock ever passes by my side
I'll pretend I am looking at its feathers,
its legs, its crackling claws,
its vain overbearing strut,
its long neck;

the fact is there's another peacock that isn't passing now,
the peacock of modernism,
the one that startles the lank-haired poet,
his suit corroded by the salt-spray of the ocean;

the fact is there's still another peacock, not yours,
that I tear apart on the *patio* of my imaginary house;
I wring its neck, with grief almost—
and it seems to me so blue, so terribly blue, like the blue of the sky.

(Translated by Kathleen Weaver)

Como antaño

Podríamos sentarnos, como antaño,
a leer el último libro del escritor famoso.
Preferimos el río, la presa, el pájaro,
la cuenca del corazón abierta
para la segadora.
Oh qué humo bendito del futuro
se esfuma entre las manos de los dos.

As in Days Gone By

We could sit down, as in days gone by,
to read the famous writer's last book.
We prefer the river, the dam, the bird,
the bottom of the heart open
for the reaper.
O what blessed smoke from the future
vanishes between our hands.

(Translated by Gabriel Abudu)

Alfombra

Para Lourdes Casal

La idea del poema
entra por la ventana,
perfumada quizás, sin avisarme.
¿Logré acaso engañar
tanto anhelo extraviado . . . ?
Es como si una alfombra,
como si alguien me pusiera
a los pies una alfombra
y firme ya pudiera emprender
limpio vuelo, con la benevolencia yo
de aquel lector cuyo sueño anidaba
la lectura de Boti . . .
No puedo . . .
Oh sueño firme,
oh velámenes claros hacia mi cuerpo rojo . . .
Y la idea del poema
ya no está,
ya no está.

Carpet

For Lourdes Casal

The idea for a poem
enters through the window,
perfumed perhaps, without warning me.
Did I manage perhaps to fool
so much misplaced yearning . . . ?
It is as if a carpet,
as if someone had laid
a carpet at my feet
and now steady I could undertake
clean flight, with the kindness
of that reader whose dream sheltered
the reading from Boti . . .
I cannot . . .
O unshaken dream,
o clear sails toward my red body . . .
And the idea for a poem
is no more,
it is no more.

(Translated by Gabriel Abudu)

Agonizando, triste

Carmen Miranda in memoriam

El poema de ayer no fue poema
sino luz e intención,
un impulso que sale
de las venas,
un estertor, un vidrio
y una paloma ojerosa
agonizando,
triste,
sobre el pavimento
humedecido por las
gotas de lluvia.
Ayer, un poema gris,
en el calor de su día.
Ayer, la muerte,
la bala infinita de la
muerte.

Agonizing, Sad

In memoriam Carmen Miranda.

The poem of yesterday was no poem
but light and intention,
an impulse that gushes out
of the veins,
a death rattle, a shattering glass
and a weary dove
agonizing,
sad,
on the pavement
moistened by the
raindrops.
Yesterday, a gray poem,
in the warmth of its day.
Yesterday, death,
the infinite bullet of
death.

(Translated by Gabriel Abudu)

Los artesanos

A la memoria de Lidia Lavallée

Lidia, mira
esas manos, tan sabias e industriosas,
que componen con hilos, rosas y papeles
esos mundos preciosos que tú nos enseñaste a descubrir,
hasta quererlos y necesitarlos todos los días.
Lidia,
donde quiera que estés,
con tu pamela única,
mira estas criaturas sin afeites, hechas de pompa y voluntad,
flotando en el silencio de la madrugada,
entre el aroma fiero de las comparsas,
sobre los tejados de Ayestarán
y el polvo del Juanelo.
Lidia,
¿cómo has podido dejarnos
tanta belleza,
tanta felicidad urbana
si no estás tú
sino en las curvas finas
que redondean los dedos de los artesanos
que aman la cábala y la piedrafina?

Lidia, ¿será posible?

The Artisans

To the memory of Lidia Lavallée

Lidia, look at
those hands, so wise and skillful,
that created with threads, roses, and papers
those precious worlds you taught us to discover,
until we loved them and needed them every day.
Lidia,
wherever you may be,
with your singular sun hat,
look at these unadorned creatures, made of splendor and will,
floating in the silence of the dawn,
in the thick scent of the dance lines,
over the rooftops of Ayestarán
and the dust of Juanelo.
Lidia,
how could you leave for us
so much beauty,
so much urban delight
if you are not here
except in the delicate curves
that shaped the fingers of the artisans
who love the cabala and the *piedrafina*?

Lidia, is it possible?

(Translated by Gabriel Abudu)

Antonia Eiriz

Antonia Eiriz
hizo palpables
los sueños en la noche.
Echó a volar
animalillos y sirenas
en medio del atardecer.
Pobló la isla de muñecos sin fin
y los hizo rodar entre los barrios,
fronda volcada con amena nostalgia.
Sus pinceles son un recodo vivo
de tinta y de papel y aquí están
para hablarnos de la mañana.
Antonia Eiriz sonríe
y el flautista de Hamelin
ya la viene a buscar
y los dos saltan, saltan,
como dos buenos reyes
frente a sus huestes embrujadas.
Antonia Eiriz dibuja
para todas las aves del lugar.

Antonia Eiriz

Antonia Eiriz
made night dreams tangible.
She put to flight
small animals and mermaids
in the middle of dusk.
She filled the island with countless puppets
and she made them wander about among the neighborhoods,
multitude poured out with pleasant yearning.
Her brush strokes are living turns
of ink and paper, and here they are
to talk to us about the morning.
Antonia Eiriz smiles
and the flutist of Hamelin
now comes looking for her
and both of them jump up, and up,
like good monarchs
before their spellbound troops.
Antonia Eiriz sketches
for all the birds of the place.

(Translated by Gabriel Abudu)

Sur

Hojas verdes, resplandecientes
en la persistencia de la luz,
sobre un atardecer tan conocido
como la palma de la mano.
Un dedo silencioso indica que estás
frente a una naturaleza muerta conocida también.
Salta entre las hojas una ardilla
humedecida entre las hojas por un relámpago.
La misma ardilla
de las postales importadas
mira con un temblor de desamparo.
La ardilla vivaz
junto a los naipes breves
y el rey de bastos
conducido hasta el espejo que cruzan los ríos
sobre una mesa que anuda los caminos.

South

Green leaves, resplendent
in the persistence of the light,
over a dusk as familiar
as the palm of the hand.
A silent finger shows that you are
before an already known still-life.
A squirrel springs between the leaves
dampened among the leaves by a lightning bolt.
The same squirrel,
on imported postcards,
looks on with a shiver of helplessness.
The lively squirrel
next to the swift cards
and the king of clubs
driven to the mirror crossed by the rivers
on a table that binds the roads.

(Translated by Heather Rosario Sievert)

Imitación de Juana Borrero

A Pedro Simón

Quiero entrar a ese restaurant
instalado, como un espejismo,
sobre los negros arrecifes,
sobre el vaho enmudecido
de infinitas cadenas bajo el mar.
Quiero que me abran la puerta repujada
y sentarme a una mesa de hierro
cuyo mantel bordado
me recuerde los encajes de mis abuelas
y me haga transitable este paso nocturno
hacia el delirio.
     Quiero,
a la sombra de una buganvilla,
recordar un verso lánguido de la Virgen Triste
(por ejemplo, "la memoria de los días tranquilos,"
¿adónde fue a parar?)
y luego devorar los langostinos de mi isla
en su sabor de fuego peregrino,
en su culpable transparencia liviana.
Quiero pagar con mi dinero
pero hay un grito desde el horizonte
en el vientre salobre de la madrugada,
humedecida por un relente de tristeza.
Por ahora sólo me ha sido dado
levantar la cabeza
para aspirar la brisa de las olas,
para dejar correr la espuma blanca ante tus ojos secos,
tus ojos que no se asombran ya de nada.

Imitation of Juana Borrero

For Pedro Simón

I want to enter that restaurant
sitting, like a mirage,
over the black reefs,
over the silenced breaths
of infinite chains under the sea.
I want the embossed door to be opened for me
and I want to sit down at a steel table
whose embroidered tablecloth
will remind me of my grandmothers' lacework
and will make this nightly trip toward delirium
manageable for me.
     I want
to remember,
by the shade of a bougainvillea,
a languid line from the Sad Virgin
(for example, "the memory of quiet days,"
how did that end?)
and then devour the shrimps from my island
in their taste of wandering flame,
in their light transparency of guilt.
I want to pay with my money
but there is a scream from the horizon
in the salty entrails of the dawn,
dampened by a dewdrop of sadness.
For now I can only
raise my head
to inhale the breeze from the waves,
to let the white surf roll before your dry eyes,
those eyes of yours that no longer marvel at anything.

(Translated by Gabriel Abudu)

Flora contempla floras

A René Portocarrero

Las leyes de la flor contempla Flora
cuando en sus arcas de hermosura breve,
campesina mujer, blanda y sonora,
late en el mundo junto al cristal leve.

¡Ah! Quien nunca jamás, Flora, pudiera
hurtar el fuego limpio que devoras
con el piadoso llanto que vertiera
el ameno pintor a todas horas.

Tu edad de polonesa nos circunda
en gozosa tormenta despeñada
como la soñolienta luz que ya te inunda

divertida cual temblorosa fuente
en una noche inquieta y desvelada
pues tú nos dejas hoy tu dulce frente.

Flora Contemplates Flora

For René Portocarrero

Flora contemplates the laws of the flower
when in her arks of fleeting beauty,
peasant woman, gentle and sonorous,
she throbs in the world near the delicate crystal.

Ah! Flora, who could ever have
stolen the bright flame you devour
with the sorrowful lament that
the kindly painter sheds at all times.

Your age of a Polish woman encircles us
in a joyful storm set loose
like the sleepy light that now bathes you

amused like a tremulous fountain
in a restless and sleepless night
for today you leave for us your gentle face.

(Translated by Gabriel Abudu)

Dictado de alcatraz

Con un murmullo
vuelan las palabras
y van depositándose
en el musgo solemne de la piedra,
y van depositándose
entre cuerpos antiguos del amanecer.

Viejos humos de la ciudad
envuelven la conversación
de los que habitan sus canales.
Calles del ayer
que salen hacia el mar.
Calles del porvenir
que entraron desde el cielo.
Patios, llenos de luz, acomodándonos.
La flor de cada tronco amaina el aguacero.

Hemos llegado en el instante azul de las conversaciones.
Hemos llegado en el momento tibio de las redes
que viven con sus válvulas en las aguas dormidas.

Como un murmullo
volaron las palabras
que me dicta la voz del alcatraz,
su cuello intacto degollado extramuros,
su pluma amena volando entre las ceibas.

Words from an Alcatraz

With a murmur
words fly
and nestle themselves
on the solemn moss of the stone,
and nestle themselves
among ancient bodies at dawn.

Old vapors of the city
embrace the conversation
of those who live in its canals.
Yesterday's streets
that stretch toward the sea.
Tomorrow's streets
that came in from heaven.
Patios, full of light, accommodating us.
The flower of each stalk calms the sudden rain.

We have arrived at the blue moment of the conversations.
We have arrived at the lukewarm moment of the nets
that live with their valves asleep in the water.

Like a whisper
flew the words
that the voice of the alcatraz gave me,
its intact neck slit outside the walls,
its delightful feather flying among the silk-cotton trees.

(Translated by Heather Rosario Sievert)

Solaris

Usé una palabra única
que mudó mi pensamiento hasta Solaris
y aunque no supe decir mucho con ella
allí encontré La Creación, la candela de Edipo,
la frondosa alma rusa leyendo a Sancho.

Hary, junto a mí,
en su hermosa estación a despegue,
me devolvía a la vida:
Fichamos las cavernas de un escarabajo,
comas y naves, islas, módulos y estrellas.
Tropezamos ansiosas con la oceánica duna en flor.
"Eres el sol," escucho que me dicen desde ese asteroide.

Ingrávida también con mi radar de algas muertas
alcanzaba el amor. (Aquel viviente amor de ensueño muerto,
aquel amor tan grande, tan posible,
como no fue jamás sobre la Tierra).

Con la chaqueta del héroe Guibarián, el suicida,
entré a los pasadizos que conducían al trigal soviético.
Tuve ojos para ver la poesía.
Más allá de la muerte y su idea y el tiempo
está el agua científica del lago aquel, corriendo sola y lenta,
temblorosa de frío y de verdad, como una madre.

Solaris

I fastened on one word
that flew my thought to Solaris.
And, though I couldn't say much with it,
there I found the Creation, Oedipus's torch,
the luxuriant Russian soul reading Sancho.

Hary, beside me,
in her beautiful launching station,
was bringing me back to life:
We took stock of a beetle's caves,
commas, and ships, islands, modules, stars.
We anxiously tripped on the oceanic dune in flower.
"You are the sun," I hear them calling me from that asteroid.

Floating weightless, dead algae for radar,
I arrived at love. (That living love, of dead reverie,
the love so great, so possible
as has never existed on the Earth.)

Wearing the jacket of the hero Guibaryan, the suicide,
I entered the corridors that led to the Soviet wheat field.
I had eyes to see poetry.
Beyond death and its idea and time
is the scientific water of that lake, flowing slowly and alone,
shivering with cold and with truth, like a mother.

(Translated by Kathleen Weaver)

Dama del unicornio

Junto a los tapices franceses
que el polvo mira y talla a través de los tiempos;
en la bóveda helada del corredor
(muy *belle époque* y muy *art-nouveau*)
ya sin condes o reinos,
despojado de frailes y corsarios,
refulge el torso con su frígida mano
y la mirada fofa de una dama a la antigua.
Dama fatal del unicornio,
anacrónica fruta de lo imprevisto
a quien nadie compuso un madrigal,
ni un sencillo *haiku.*
¿Qué pensamientos, náufragos de un imperio,
cruzarían por su frente
en el instante en que el pintor
la hizo posar por mil maravedíes
sin sospechar jamás este otro instante
en que una muchacha de las islas
(de las llamadas Indias Occidentales)
iba a reír con los ojos perplejos
y a imaginar cómo les fue posible
vivir sin golondrinas
echando sangre necia por cada célula virreynal?
Dama asexual del unicornio,
¿habrá visto los prados del Alcázar
o las mezquitas de Sevilla? ¿Habrá leído
sonetos apolíneos, habrá soplado
la chirimía de sus antepasados
que plantaban recíos para las aves del jardín?
¿Quién iba a imaginarlo?
¿Quién pudo prever
que llegaría a nosotros
hecha pana y damasco y frustración
sujeta al aberrado marco
de este camafeo?
Sortijas, plumas, dádivas, esmaltes,

Lady of the Unicorn

By the French tapestries
which the dust watches and shapes through the times;
under the freezing archways of the corridor
(very *belle époque* and very *art-nouveau*)
now without counts or kingdoms,
stripped of friars and corsairs,
the portrait glistens with its frozen hand
and the shabby look of an old-fashioned woman.
Fatal unicorn woman,
anachronistic fruit of the unforeseen
for whom no one wrote a love song,
not a single *haiku*.
What thoughts, vestiges of an empire,
could be passing through your mind
at the moment when the painter
made you pose for a thousand *maravedíes*
without ever suspecting this other moment
in which a girl from the islands
(from the so-called West Indies)
was going to laugh with perplexed eyes
and imagine how it was possible for them
to live without swallows
spilling foolish blood through each vice-royalty?
Sexless unicorn woman,
have you seen the meadows of the Alcázar
or the mosques of Seville? Have you read
Apollonian sonnets, have you blown into
the shawn of your ancestors
who planted dews for the birds of the garden?
Who could have imagined it?
Who could have foreseen
that you would come to us
turned into velvet and damask and frustration
subject to the warped frame
of this cameo?
Rings, feathers, keepsakes, glazes,

sátiros, porcelanas, enanos del mercado . . .
Y tú, muchacha, con el instinto natural
de quien ama la vida y la justicia,
la ves, la intentas comprender
en su polémica belleza,
aunque no halles la justificación,
la palabra propicia a tanto deterioro,
a tanta pompa insulsa, a tanto escarnio
sobre los ojos de tus seres queridos,
constructores de las pirámides
que salpican con gusto su unicornio.

satyrs, porcelains, figurines from the market . . .
And you, girl, with your natural instinct
of one who loves life and justice,
you see her, you try to understand her
in her controversial beauty,
even though you don't find the justification,
or the appropriate word for so much decline,
such vain pomp, such ridicule
in the eyes of your loved ones,
builders of the pyramids
who sprinkle with delight their unicorn.

(Translated by Gabriel Abudu)

Oda ciega

Rolando Ferrer in memoriam

I

El párpado se abre.
Círculos de engendro sobre la tarde.
Miras los astros con el párpado abierto.
Enamorados de la mañana
caminan sordos hacia la injuria
y destilan un agua pura,
tan transparente como ellos mismos.
Nadie te cerrará el párpado abierto.
Nadie podrá.

II

Muchos fueron los días de pena.
El muchacho inocente
cazando hormigas
en un rincón.
Su pulso era una verdadera elegía.
Pero el cantar del gallo,
cuando caía la madrugada,
ahuyentaba la idea
de la muerte.

III

—¿Cómo entraste sin avisar
y te miras así sobre la despensa
que tu madre limpió
con lágrimas de profesora?
Ay, Rolando,
Rolando.
Toma tu libro y lárgate . . .

IV

Amigo vino y se sentó
en la glorieta del parque viejo.
Una fuente húmeda.

Blind Ode

In memoriam Rolando Ferrer

I

The eyelid opens.
Monstrous circles cover the afternoon.
You watch the stars with your eyelid open.
Early morning lovers
walk unheeding toward the challenge
and exude a pure water,
as clear as themselves.
No one will close your open eyelid.
No one will be able to.

II

The days of suffering were numerous.
The innocent young boy
chasing after ants
in a corner.
His heartbeat was a true elegy.
But the rooster's crowing,
at the break of dawn,
drove away the idea
of death.

III

"How could you come in without warning
and you gaze upon yourself like that over the pantry
which your mother cleaned
with her professorial tears?
Ay, Rolando,
Rolando.
Take your book and go away . . . "

IV

Friend came and sat down
at the circle of the old park.
A moist fountain.

Una fuente abandonada para la amistad.
Amigo trajo el papel de La Paz.
"Asaltados en Vado del Yeso."
Amigo mío perecido,
el día de hoy será tu emblema.

V

El pelo lindo.
Los dientes limpios.
Un girasol hirviente
en la solapa.
Los espejuelos de la melancolía
sobre la frente.
Zapatos de ultramar.
Patas de Cáncer.
Avenidas del Canadá.
Pañuelos en el puerto
y un buen rosal para ser contemplado.
El paraguas del despejado comediante
desembarca en Le Havre,
llena su boca de Hoteles de Verano.
La calle Cuyás
y el perfume trasnochado
de las editoriales.
Tomos completos de Racine y Molière.
El Sena limpia sus bolsillos
y sus harapes de visionario.
¡Qué dientes limpios para decir
la verdad de su Isla!

VI

Esta sería una carta para Tesalia.

Querida Tesalia:
He muerto en La Habana
como lo merecía,
como lo presentí
entre amigos
y una llovizna tan fría, tan fría,

A fountain abandoned for friendship.
Friend brought the paper from La Paz.
"Ambushed in Vado del Yeso."
My dear friend now departed,
today will be your emblem.

V

Beautiful hair.
Bright teeth.
A burning sunflower
in your lapel.
Your sad-looking glasses
on your face.
Shoes from overseas.
Legs of Cancer.
Avenues of Canada.
Scarves in the harbor
and a rosebush worthy of contemplation.
The umbrella of the swift actor
disembarks in Le Havre,
his mouth full of Summer Hotels.
Cuyás Street
and the night-old smell
from the publishing houses.
Complete volumes of Racine and Molière.
The Seine cleans out his pockets
and his tatters of a visionary.
What bright teeth to pronounce
the truth of his Island!

VI

This could be a letter for Tesalia.

Dear Tesalia:
I have died in Havana
as I had deserved,
as I had foreseen,
among friends
and such a cold, cold drizzle,

que acudí al rumoroso verso de Vallejo,
mientras pisaba tierra.
No me apeno.
Éstas son mis últimas palabras.
Ojalá lleguen a ti
      Rolando

that I turned to the sonorous line of Vallejo,
as I walked on the earth.
I am not in grief.
These are my last words.
I hope they reach you.
    Rolando

(Translated by Gabriel Abudu)

Lezama en la tarde

Es la vieja pradera, afiliada a la madre,
al calor hervido de cada noche.
Un tarot de limo y natilla dice la eterna verdad
    del siglo mío:
Las palabras son palabras, que
pueden edificar miedos, hostilidades,
fortines limpios de heroicidad.
Lezama en la tarde creó su olorosa pradera
junto al mulo, en un discurso de tierra original.
Imagen oblicua, Baldovina, hermosas confluencias,
    generadores subterráneos.
Sus palabras son palabras que inspiran dardos
    del mismo Trocadero,
como diademas y perlas, como pirámides azuladas,
como velo argelino, como pus encefálico.
Es un canto salvaje su palabra en la tarde
porque aspira a una estatuilla blanca de marfil,
portando a un Góngora fiel,
aceitunado espécimen de poesía subalterna,
hombreparaísoinfierno en un sillón de viejo inmóvil,
deglutiendo las páginas en serie de *Oppiano Licario,*
la rueda del tiempo inflexible
y esa madrina en alas cuidándolo en el siglo de mí.
Olor del estallido
y la ciudad aniquilada, abroquelada,
en la sintaxis brusca, en las miles de vidas vividas,
en las miles de muertes muertas también en el espíritu.
Se ha esfumado el sabor de la tarde habanera.
Lezama está mirándonos,
quiere alcanzarnos; en su labio de muerto
me vela y sueña en lo sinuoso de un crepúsculo
    no funcional.
En la hora viva de agosto,
a las siete, el mirlo trina
encantado cantando
en una clarísima pradera de la Isla.

Lezama in the Afternoon

It is the old grassland, affiliated with the mother,
to the burning heat of each night.
A mud-and-cream tarot card pronounces the eternal truth
    of my century:
Words are words, which
can build fears, hostilities,
fortresses free of heroism.
Lezama in the afternoon created his fragrant meadow
by the mule, in a speech of primeval earth.
Oblique image, Baldovina, beautiful confluences,
    subterranean generators.
Words are words that inspire darts
    from the Trocadero itself,
like crowns and pearls, like bluish pyramids,
like an Algerian veil, like encephalic matter.
His word is a wild song in the afternoon
for it aspires to a miniature statue of white ivory,
bearing a loyal Góngora,
olive-tone specimen of subaltern poetry,
manparadisehell in a crippled old man's armchair,
devouring the successive pages of *Oppiano Licario,*
the implacable wheel of time
and that winged godmother caring for him in this century of mine.
The outbreak reeks
and the city is annihilated, shielded,
in the abrupt syntax, in the thousands of lives lived,
in the thousands of dead ones also dead in spirit.
The flavor of a Havana afternoon has evaporated.
Lezama is watching us,
he wants to reach us; in his dead man's lip
he keeps watch over me and dreams in the wanderings of a
  nonfunctional
    twilight.
In the lively hour of August,
at seven o'clock, the myrtle trills
enchanted cantor
in a most clear meadow of the Island.

(Translated by Gabriel Abudu)

II

Paisaje célebre

Ver la caída de Ícaro desde la bahía de
azules y verdes de Alamar.

           Un valle al que se asoma
un misántropo encapuchado.
Árboles frutales alrededor de las aguas
y un hombrecillo, solo, arando sobre ellas
hasta incorporarse al arcoiris.

           Ese hombrecillo
es un pariente de Brueghel, el viejo, hermano mío,
que pinta la soledad del alma
cercada por espléndidos labradores.

Es el atardecer y necesito las alas de Ícaro.

II

Glorious Landscape

Seeing the fall of Icarus from
the blue and green bay of Alamar.

A valley at which
a hooded misanthrope makes his appearance.
Fruit trees surrounding the waters
and a lonely smallish man plowing over them
until he joins the rainbow.

That smallish man
is a relative of the old Brueghel, my dear brother,
who paints the loneliness of the heart
surrounded by splendid farmers.

It is sunset and I need the wings of Icarus.

(Translated by Gabriel Abudu)

Elogio de la danza

Para Leo Brouwer

El viento sopla
como un niño
y los aires jadean
en la selva, en el mar.

Entras y sales
con el viento,
soplas la llama fría:
Velos de luna
soplas tú
y las flores y el musgo
van latiendo en el viento.

Y el cuerpo
al filo del agua,
al filo del viento,
en el eterno signo de la danza.

In Praise of Dance

For Leo Brouwer

The wind blows
like a child
and the breezes pant
on the jungle, on the sea.

You enter and leave
with the wind,
you blow on the cold flame:
You blow on
the veils of the moon,
and the flowers and the moss
are flapping in the wind.

And the body
at the edge of the storm,
at the edge of the wind,
in the eternal symbol of the dance.

(Translated by David Frye and Nancy A. Hall)

Alicia Alonso

Asida entre la luz y el mundo,
leve y profunda,
se adelanta la cabeza gentil
de Alicia Alonso.
¡Qué sinsonte a sus pies!
¡Qué murmullo del pino!
Soñando junto al tiempo
aclarado y feliz,
se adelanta su sombra,
como un suave noviembre,
como un suave noviembre después.
Aparecen los hilos de la lluvia
y Alicia gira y gira
con aliento de brizna tal vez.
He aquí su espacio eterno.
Vamos. Silencio.
Ella baila entre el don y la espuma,
entre la flor y el mito,
en el misterio,
entre el mito y la flor,
en el misterio.

Alicia Alonso

Held tight between light and the world,
slight and profound,
here comes the gentle head
of Alicia Alonso.
What a mockingbird at her feet!
What a murmuring of pine!
Dreaming alongside
a clarified, happy time,
her shadow comes forward,
like a sweet November,
like a sweet November thereafter.
The lines of rain appear
and Alicia spins and spins
with the breath of the breeze perhaps.
This, here, is her eternal space.
Let's go. Silence.
She dances between the gift and the foam,
between the flower and the myth,
in the mystery,
between the myth and the flower,
in the mystery.

(Translated by David Frye and Nancy A. Hall)

Requiem para la mano izquierda

para Marta Valdés

sobre un mapa se pueden trazar todas las líneas
        horizontales rectas diagonales
desde el meridiano de Greenwich hasta el Golfo de México
        que más o menos
pertenecen a nuestra ideosincrasia

también hay mapas grandes grandes grandes
        en la imaginación
e infinitos globos terráqueos
        marta

pero hoy sospecho que sobre un mapa pequeñísimo

        mínimo
dibujado en papel de libreta escolar
        puede caber toda la historia

        toda

Requiem for the Left Hand

for Marta Valdés

on a map you could trace all the lines
    horizontal vertical diagonal
from the Greenwich meridian to the Gulf of Mexico
    that more or less
belong to our idiosyncrasy

there are also great great big maps
    in your imagination
and endless globes of the earth
    marta

but today I suspect that the tiniest map

    microscopic
sketched on school notebook paper
    would be big enough for the whole history

    all of it

(*Translated by David Frye*)

Adiós, felicidad

para Ela O'Farrill

sí, Ela
la felicidad pasa como los bueyes
la felicidad se va como los bueyes
se le tropieza a ratos en la calle
y quien chupa su cabeza o su misterio
está seguro de que busca la muerte
y que la encuentra

y un día
un solo día
—sólo bastará un día—
pasará solitaria mugrienta
dando el perfil
querida Ela
sin descender siquiera
sin volverse

Good-bye, Happiness

for Ela O'Farrill

yes, Ela,
happiness goes by like oxen
happiness leaves like oxen
bumps into you for a while in the street
and whoever grabs its head or its mystery
will be sure that it's looking for death
and that it will find it

and one day
just one day
—just one day's enough—
it'll go by all alone filthy
averting its gaze
dear Ela
not even descending
not coming back

(Translated by David Frye)

Otro nocturno

para César Portillo de la Luz

yo te diría que la noche tiene un encanto medieval
    y que allí dentro
proclamándose
    hay una morena sensualísima
pero eso ya tú lo has dicho en la canción *noche cubana*

querido César
sé que allí donde yo descubro nuevos mundos
ya tú has mascullado bastante
lo suficiente

baste tan sólo hablar de los parques gigantes
y recordarlos calientes amarillos

pósate en la cabeza una pluma de África

Another Nocturne

for César Portillo de la Luz

I'd tell you there's a medieval charm at night
    and that there within
proclaiming herself
    there's a sensual black woman
but you've already said as much in your song *noche cubana*

dear César
I know that there, where I'm discovering new worlds,
you've already muttered plenty
enough

should be enough just to speak of giant parks
and remember them hot and yellow

put this African feather in your hair

(*Translated by David Frye*)

Para escapar herido

A Rogelio Martínez Furé

Sucede que es la noche, compañero,
y Ochún sola, tan sola
—o Mercedes, o Carmen, o María—
busca donde la luna brilla;
se va a guardar detrás del adoquín del patio,
se va a guardar su amor al bosque negro, al vino;
sucede, salta entonces un ciervo de sus brazos
y sangra sangra entonces el ciervo de la diosa,
para escapar herido a donde nadie
para escapar herido, para escapar herido.

To Escape with a Wound

for Rogelio Martínez Furé

Turns out it's the night, my friend,
and just Ochún, all alone,
—or Mercedes, or Carmen, or María—
looking for where the moon shines;
going to hide behind the *patio* paving stone,
going to hide her love in the black forest, in the wine;
and then, turns out, a deer leaps from her arms
and the deer of the goddess bleeds and bleeds,
to escape with a wound to where no one is
to escape with a wound, to escape with a wound.

(Translated by David Frye)

Correr bajo los árboles

A Eugenio Hernández Espinosa

jamás te encuentres encima de la piedra
cuando la noche parezca amenazarte
y no esperes la noche charlando sobre un techo
cuando con cierto gesto el viento irrumpe

cuando andes y la noche parezca aparecer
pon tus manos calientes
sobre la frente de quien está a tu lado
y sube el pavimento
da tu sangre
comienza pronto a acelerar el paso
di
prosigue entonces elevando los ojos a la noche
grita
hunde tu pecho entre las nubes
vuelve luego a la tierra

corre bajo los árboles

Running Beneath the Trees

for Eugenio Hernández Espinosa

I hope you never find yourself atop the stone
when nightfall seems to threaten you
nor waiting for night chatting on a rooftop
when with a handwave the wind bursts in

when you're walking and night seems to appear
put your hot hands
on the brow of the one you're with
and climb the sidewalk
give your blood
come on now speed up the pace
tell
then keep on raising your eyes to night
shout
plunge your breast into the clouds
then come back to earth

run beneath the trees

(Translated by David Frye)

Botella al mar

A Luz y Mario Benedetti

Una botella de vino tinto al mar.
Son las tres de la tarde.
Una botella de vino tinto sin licor,
sin apenas los restos de esos vapores
que nos transportan a lo indecible.
Una botella con un mensaje
¿para quién?
Era un papel muy blanco
emborronado con una escritura
minúscula casi ilegible. Allí decía:
"Escribo en este papel
que introduzco en esta botella
para Nadie
y para todo aquel
o aquella
que quisiera leerme
en las próximas eras."
Salta un pez desde la espuma
y tumba el lápiz y el papel
con los cuales me expreso.
Ruedan los dos
y sobre el mar
de grafito
viene un galeón diminuto
y unos negros
amordazados
dando alaridos
y una niña hermosa y sola
de pupilas abiertas
y un duendecillo feo pero audaz.
Había escrito estas peripecias
con el aliento del salitre
cuando el papel regresó a mis manos
como por arte de magia . . .

Bottle at Sea

For Luz and Mario Benedetti

A red wine bottle at sea.
It is three o'clock in the afternoon.
An empty red wine bottle,
almost without the remains of those fumes
that transport us to an unmentionable state.
A bottle with a message,
for whom?
It was a white paper
scribbled on with an almost
illegible small writing. It said:
"I am writing on this paper
that I put into this bottle
for Nobody
and for any man
or woman
who would like to read me
in the next ages."
A fish jumps out of the sea
and knocks down the pencil and paper
with which I express myself.
The two roll down
and on the sea
of graphite
comes a small galleon
with some muzzled
black people
screaming
and a beautiful lonely girl
with her eyes wide open
and an ugly but brave little fairy.
I had written these adventures
with my salty breath
when the paper returned to my hands
as if by magic . . .

A quien pueda interesar:
"buenos días, buenas noches."
Una botella de vino tinto al mar.
Son las tres de la tarde.

To whom it may concern:
"good morning, good night."
A red wine bottle at sea.
It is three o'clock in the afternoon.

(Translated by Gabriel Abudu)

Divertimento

como le gustaría a Rafael Alberti

(para guitarra)

Entre la espada y el clavel,
amo las utopías.
Amo los arcoiris y el papalote
y amo el cantar del peregrino.
Amo el romance entre el oso y la iguana.
Amo los pasaportes: ¿cuándo dejarán de existir los pasaportes?
Amo los afanes del día y las tabernas
y la guitarra en el atardecer.
Amo una isla atravesada en la garganta de Goliath
como una palma en el centro del Golfo.
Amo a David.
Amo la libertad que es una siempreviva.

Divertimento

for the pleasure of Rafael Alberti

(for guitar)

Between the sword and the carnation,
I love utopias.
I love the rainbow and the kite
and I love the song of the pilgrim.
I love the romance between the bear and the iguana.
I love passports: when will passports cease to exist?
I love daily chores and the taverns
and guitars in the evening.
I love a thorny island in the throat of Goliath
like a palm tree in the center of the Gulf.
I love David.
I love liberty, which is an everlasting flower.

(Translated by Heather Rosario Sievert)

Glosario

Abel Santamaría   (Cuba, 1925–1953) Héroe legendario de la Revolución cubana asesinado por la soldadesca de Fulgencio Batista.

"Adiós, felicidad"   Título de una canción de la compositora cubana Ela O'Farrill.

Alamar   Barrio obrero en las afueras de La Habana.

Alameda de Paula   Avenida que bordea el puerto de La Habana.

Alicia Alonso   Bailarina y coreógrafa cubana de la segunda mitad del siglo XX; una de las más distinguidas de todos los tiempos.

Ana Mendieta   (Cuba, 1948–EE.UU., 1985) Original artista visual cuyo estilo estuvo marcado por la experimentación y la recreación de su identidad.

Antonia "Ñica" Eiriz   (Cuba, 1929–EE.UU., 1995) Pintora expresionista cuyo estilo vanguardista marcó pauta en las artes plásticas de La Habana durante los años sesenta. Desde su taller en el reparto do Juanelo, introdujo el *papier-mâché* a la isla.

Ayestarán   Calle de La Habana.

Bäas   Amo.

Baldovina   Véase *Imagen oblicua, Baldovina, hermosas confluencias, generadores subterráneos.*

Bantustán   Ghetto surafricano.

Blaise Cendrars   (Frédérick)   (Suiza, 1887–Francia, 1961) Poeta y ensayista cuya obra inscribe importantes estudios sobre el continente africano.

Boti (Regino)   (Cuba, 1878–1958) Poeta destacado a principios del siglo XX.

Brueghel (Pieter, the Elder)   (Países Bajos, 1525–Bélgica, 1569) El más significativo pintor flamenco del siglo XVI.

Camilo (Cienfuegos)   (Cuba, 1932–1959) Célebre guerrillero cubano quien, junto al "Che" Guevara, constituye una de las leyendas de la Cuba contemporánea.

Glossary

Abel Santamaría (Cuba, 1925–1953) Legendary hero of the Cuban Revolution who was killed very early by Fulgencio Batista's soldiers.

Alamar A working-class neighborhood outside Havana.

Alameda de Paula Avenue in Old Havana's harbor.

Alicia Alonso Mid-twentieth-century Cuban ballerina and choreographer, one of the most distinguished of all times.

Ana Mendieta (Cuba, 1948–U.S.A., 1985) Original visual artist whose style was distinguished by experimentation and the recreation of her identity.

Antonia "Ñica" Eiriz (Cuba 1929–U.S.A. 1995) Expressionist painter whose avant-garde style marked Cuban fine arts of the 1960s. From her workshop in Juanelo, she introduced papier-mâché to the island.

Ayestarán Havana street.

Bäas Master.

Baldovina See *Oblique image, Baldovina, beautiful confluences, subterranean generators.*

Bantustán South African ghetto.

Blaise Cendrars (Frédérick) (Switzerland, 1887–France, 1961) French-speaking poet and essayist.

Boti (Regino) (Cuba, 1878–1958) Cuban poet from the beginning of the twentieth century.

Brueghel (Pieter, the Elder) (Netherlands, 1525–Belgium, 1569) The greatest Flemish painter of the sixteenth century.

Camilo (Cienfuegos) (Cuba, 1932–1959) One of heroes of the Cuban Revolution who, like Ernesto "Che" Guevara, is legendary in contemporary Cuba.

Cerro Barrio de La Habana.

Cantos de Huexotzingo Colección de antiguos poemas en nahuatl. La frase nahuatl *in xochitl in cuicatl,* "la flor, el sol" es una metáfora tradicional. En estos y otros poemas, Morejón pone a dialogar imágenes de Cuba y de México. (Nota de David Frye)

Chagall (Marc) (Rusia, 1887–Bielorrusia, 1985) Prestigioso pintor conocido por su estilo simbólico y onírico cuya obra temprana precedió al surrealismo.

Changó Orisha cubano de la virilidad, la guerra, los truenos y las fiestas. (Nota de D. Frye)

Chaplin (Charlie) (Inglaterra, 1889–Suiza, 1977) Legendario actor y director del cine silente del siglo XX.

Cheng Urh, Cheng Tseh Personajes femeninos que aparecen en un relato de José Martí sobre los antiguos anamitas, incluido en *La edad de oro* (1892).

Countee Cullen (EE.UU. 1903–1946) Uno de los más finos poetas del movimiento literario *Harlem Renaissance.*

Dandys Famosa comparsa habanera imprescindible en los carnavales del barrio de Belén, conocida como la Comparsa de los Dandys. (Nota de D. Frye)

Danzón Baile tradicional cubano.

Duende Tropo metafórico acuñado por el poeta español Federico García Lorca.

Eleggua Orisha de la santería cubana que abre y cierra los caminos así como todos los rituales. Habitualmente, sus ojos se representan con caracoles. (Nota de D. Frye)

Elias [Eliab?] Durnford Grabador del siglo XVIII quien creara una famosa colección de seis grabados ("vistas") inspirados en la toma de La Habana por los ingleses (1762–1763) que tuviera la oportunidad de presenciar.

En la imaginación Canción de la poeta y cantante Marta Valdés. (Nota de D. Frye)

Ernest Hemingway (EE.UU., 1899–1961) Este célebre escritor se estableció en La Habana en la barriada de San Francisco de Paula durante algunos años antes de su muerte.

La Fraternidad Parque de La Habana.

Góngora (Luis de) (España, 1561–1627) Poeta canónico del Siglo de Oro español cuya escritura se caracteriza por un hermético estilo barroco.

Guibarián Científico ruso, convertido en un personaje que se suicida en la película *Solaris* (1972), de Andrei Tarkovsky.

Cerro   Neighborhood of Havana.

Chagall (Marc)   (Russia, 1887–Byelorussia, 1985) Artist celebrated for his dreamlike symbolic painting and whose early work was a precursor of Surrealism.

Changó   Afro-Cuban *orisha* of virility, war, thunder, and *fiestas*. (Note by D. Frye)

Chaplin (Charlie)   (England, 1889–Switzerland, 1977) Legendary artist of twentieth-century silent cinema.

Cheng Urh, Cheng Tseh   Female characters who appear in a tale on ancient Anam, written by José Martí, in *La edad de oro* (1892).

Countee Cullen   (U.S.A., 1903–1946) One of the finest poets of the Harlem Renaissance.

Dandies   Famous dance group that represented the *Belén* neighborhood of Old Havana in carnivals. It was named the *Comparsa de los Dandys* (Dance Line of the Dandies). (Note by D. Frye)

Danzón   Traditional Cuban dance.

Duende   Metaphoric trope created by the Spanish poet Federico García Lorca.

"Early morning wanderer"   A line from a poem ("Vagabundo del alba") by Cuban writer Fayad Jamís.

Eleggua   *Orisha* that opens and closes all paths and all rituals. His eyes are often represented as cowrie shells. (Note by D. Frye)

Elias [Eliab?] Durnford   Eighteenth-century artist who created the most famous collection of six engravings ("vistas") of the invasion of Havana by Great Britain (1762–1763), which he witnessed.

Ernest Hemingway   (U.S.A., 1899–1961) This famous writer settled down for a few years in later life in Havana's San Francisco de Paula neighborhood.

La Fraternidad   Park of Havana City.

Good-bye, happiness   Title of song by Cuban composer Ela O'Farrill.

Góngora (Luis de)   (Spain, 1561–1627) Influential poet of the Spanish Golden Age who wrote in a hermetic baroque style.

Guibaryan   Russian scientist, a character who committed suicide in the film *Solaris* (1972), by Andrei Tarkovsky.

Güijes   Espíritu maligno que surge de las orillas de ríos y lagos, invención de los poetas del Caribe hispano.

Güiro   Instrumento de percusión de la música popular cubana.

Haiku   Forma poética breve de origen japonés.

Hicacos   Planta tropical del Caribe.

Imagen oblicua, Baldovina, hermosas confluencias, generadores subterráneos   Componentes literarios del sistema poético de José Lezama Lima.

Iruque   Atributo de Oyá, divinidad de los vientos, la muerte y los cementerios, en la santería cubana.

Jardines de la Reina   Hermosa cayería cubana.

Jovellanos   Pueblo de la provincia de Matanzas en medio de grandes plantaciones cañeras. (Nota de D. Frye)

Juan Gualberto (Gómez)   Periodista, colaborador de José Martí. Ambos fundaron el Partido Revolucionario Cubano.

Juana Borrero   (Cuba, 1877–1896) Poeta posmodernista, nacida en una familia de artistas.

Juanelo   Barriada de las afueras de La Habana.

Julián del Casal   (Cuba, 1863–1893) Poeta de mediados del siglo XIX, uno de los fundadores del modernismo hispanoamericano.

Landaluze (Víctor Patricio de)   (España, 1830–1889) Principal grabador costumbrista del siglo XIX cubano.

Laplante (Eduardo [Édouard])   (Francia, 1818–?) Creador de las clásicas series de grabados sobre los más antiguos ingenios azucareros de Cuba.

Lezama Lima (José)   (Cuba, 1910–1976) Célebre poeta, novelista y ensayista, que fundó y lideró el grupo y revista literarios *Orígenes*.

Maceo (Antonio)   (Cuba, 1845–1896) Junto con José Martí, Maceo es un héroe de la identidad cubana.

La madre—negra Paula Valdés   Verso del poema "Quirino con sus tres," del laureado poeta cubano Nicolás Guillén (1902–1989).

Manrique (Jorge)   (España, 1440–1478) El más célebre poeta elegíaco de la tradición española.

Maravedí   Moneda medieval española.

Marímbula   Instrumento percutivo, creado y ejecutado por los soneros.

Marinetti (Filippo Tommaso [Emilio])   (Egipto, 1876–Italia, 1944) Poeta vanguardista, fundador del futurismo.

Güijes   Dark spirit of rivers and lakes that was invented by Hispanic Caribbean poets.

Güiro   Percussion instrument of Cuban popular music.

Haiku   Brief Japanese poetic form.

Hicacos   Caribbean tropical plant.

In your imagination   A song by poet and singer Marta Valdés. (Note by D. Frye)

Iruque   Emblem used by Oyá, divinity of winds, death, and graveyards, in Cuban *santería*.

Jardines de la Reina   Beautiful archipelago in Cuba.

Jovellanos   Town in the heart of the sugarcane fields of Matanzas, in western Cuba. (Note by D. Frye)

Juan Gualberto (Gómez)   Journalist and close collaborator of José Martí. Together they founded the Cuban Revolutionary Party.

Juana Borrero   (1877–1896) A postmodernist Cuban poet born to a family of artists.

Juanelo   Neighborhood in the outskirts of Havana.

Julián del Casal   (Cuba, 1863–1893) Poet from the mid–nineteenth century; one of the founders of Spanish American Modernism.

Landaluze (Víctor Patricio de)   (Spain, 1830–1889) Major engraver of Cuban customs in the nineteenth century.

Laplante (Eduardo [Édouard])   (France, 1818–?) Engraver who created a classic series on Cuban sugar mills.

Lezama Lima (José)   (Cuba, 1910–1976) Celebrated poet, novelist, and essayist, who founded and led the literary group and journal *Orígenes*.

Maceo (Antonio)   (Cuba, 1845–1896) Together with José Martí, Maceo was a founding hero of Cuban identity.

La madre—negra Paula Valdés   Verse from the poem "Quirino con sus tres," by the honored Cuban poet Nicolás Guillén (1902–1989).

Manrique (Jorge)   (Spain, 1440–1478) The best-known elegiac of the Hispanic tradition.

Maravedí   Spanish coin from the Middle Ages.

Marímbula   Cuban percussion instrument created and used by *son* performers.

Marinetti (Filippo Tommaso [Emilio])   (Egypt, 1876–Italy 1944) Avant-garde poet, founder of the futurist movement.

Molière (Jean-Baptiste Poquelin) (Francia, 1622–1673) Actor y dramaturgo, creador de la comedia clásica francesa.

"La mujer de Antonio" y "la vecinita de enfrente" Expresión que se refiere a los personajes populares de un conocido son del compositor cubano Miguel Matamoros.

Muñoz Bach (Eduardo) (España, 1937–2001) Artista canónico del afiche cubano cuya obra cubre las décadas de los sesenta y setenta.

Nelumbio Flor tropical.

Nieves Fresneda La más brillante intérprete de los bailes folclóricos cubanos que realizaba una interpretación única de la danza para Yemayá. Murió en La Habana en 1981.

Noche cubana Famosa canción del compositor y cantante cubano César Portillo de la Luz.

Ochún Divinidad de los ríos, la sensualidad, el placer y el amor carnal. (Nota de D. Frye)

Olofi En la *santería* cubana, creador supremo del universo. (Nota de D. Frye)

Olokun Orisha mayor de la santería cubana. Es la Señora de los océanos. (Nota de D. Frye)

Opción cero Última etapa del llamado Período Especial de la más reciente historia cubana (1989–1997).

Oppiano Licario Última novela de José Lezama Lima.

Ovambo Etnia surafricana.

Patricio Ballagas Uno de los fundadores de la *trova* tradicional cubana.

Picasso (Pablo Ruiz) (España, 1881–Francia, 1973) Iniciador y maestro de los principales movimientos artísticos del siglo XX.

Piedrafina Componente de *La Charada,* un juego de azar que nació en el barrio chino de La Habana y luego se extendió a toda la isla. (Nota de D. Frye)

Prévert (Jacques) (Francia, 1900–1977) Poeta surrealista y guionista de cine que compuso baladas de tenor social y amor sentimental.

Racine (Jean) (Francia, 1639–1699) Clásico del teatro y la poesía franceses.

Rebambaramba Cubanismo que significa alboroto, barahunda. Sirve de título a un ballet cubano de Amadeo Roldán y Alejo Carpentier.

Rilke (Rainer Maria) (Checoslovaquia, 1875–Suiza, 1926) Prominente poeta austro-alemán considerado uno de los fundadores de la poesía moderna.

Molière (Jean-Baptiste Poquelin)   (France, 1622–1673) Actor and playwright, creator of the comic French theater.

"La mujer de Antonio" and *"la vecinita de enfrente"*   Expression that refers to popular characters from a well-known *son* by Cuban composer Miguel Matamoros.

Muñoz Bach (Eduardo)   (Spain, 1937–2001) Canonical artist of the Cuban poster from the decades of the 1960s and 1970s.

Nelumbio   Tropical flower.

Nieves Fresneda   The most brilliant performer of Cuban folk dances. Her dance to Yemayá was a marvel. She died in Havana in 1981.

Noche cubana   Famous song by Cuban composer and singer César Portillo de la Luz.

Oblique image, Baldovina, beautiful confluences, subterranean generators   Literary components of José Lezama Lima's poetic system.

Ochún   Divinity of rivers, sensuality, pleasure, and carnal love. (Note by D. Frye)

Olofi   Distant creator god in Cuban *santería*. (Note by D. Frye)

Olokun   Major *orisha* (saint, divinity) in Afro-Cuban *santería*. She is the mistress of the ocean. (Note by D. Frye)

Oppiano Licario   Last novel by José Lezama Lima.

Ovambo   A South African ethnic group.

Patricio Ballagas   One of the founders of the twentieth-century Cuban *trova* tradition.

Picasso (Pablo Ruiz)   (Spain, 1881–France, 1973) Initiator and master of the main artistic movements of the twentieth century.

Piedrafina   Component of *La Charada,* a game played originally in Havana's Chinatown and later throughout Cuba. (Note by D. Frye)

Prévert (Jacques)   (France, 1900–1977) Surrealist poet and screenwriter who composed ballads of social hope and sentimental love.

Racine (Jean)   (France, 1639–1699) Dramatist and poet from the classical period.

Rebambaramba   Popular Cuban expression that means "joyful commotion." It is the title of a Cuban ballet by Amadeo Roldán and Alejo Carpentier.

Rilke (Rainer Maria)   (Czechoslovakia, 1875–Switzerland, 1926) Major Austro-German poet considered one of the founders of modern poetry.

Rolando Coves   Vecino de la barriada donde vivió la familia Morejón.

Rolando Ferrer   (Cuba, 1925–1976) Destacado dramaturgo de mediados del siglo XX.

Romeu (Gonzalo)   Pianista y compositor cubano del siglo XX, cuyas interpretaciones del danzón han sido muy reconocidas.

Santa Cecilia   En Cuba, patrona de la música.

Santiago   Segunda capital de Cuba.

"La suave patria"   Verso del famoso poemario *La suave patria,* del mexicano Ramón López Velarde. (Nota de D. Frye)

"Suite recobrada"   Este poema debe ser leído como un diálogo entre el México indígena y la Cuba africana. Los toltecas son creadores semimíticos de las antiguas civilizaciones de México. (Nota de D. Frye)

Taxco   Ciudad colonial de minas de plata al sur de la Ciudad de México.

Teofilito   Compositor cubano del siglo XX, autor de la famosa canción *Pensamiento.*

Tet   Festejos de los antiguos anamitas.

Tres   Instrumento con forma de guitarra, típico del *son* cubano.

Trocadero   Calle de La Habana donde vivió hasta su muerte José Lezama Lima.

"Vagabunda del alba"   Verso del poema homónimo del cubano Fayad Jamís.

Vallejo (César)   (Perú, 1893–Francia, 1938) Poeta canónico de la vanguardia hispanoamericana.

Yagruma   Árbol cubano. En la tradición oral cubana se supone que tiene poderes mágicos.

Yemayá   Orisha mayor de la santería cubana. Es la Señora de los mares y océanos. (Nota de D. Frye)

"Recovered Suite"   This poem should be read as a dialogue between indigenous Mexico and African Cuba. The Toltecs are the semi-mythical creators of civilization in ancient Mexico. (Note by D. Frye)

Rolando Coves   Morejón's neighborhood family friend.

Rolando Ferrer   (Cuba, 1925–1976) Celebrated playwright of the mid–twentieth century.

Romeu (Gonzalo)   Twentieth-century Cuban pianist and composer, well-known for his interpretations of the *danzón*.

Saint Cecilia   In Cuba, female patron saint of music.

Santiago   Second capital of Cuba.

Songs of Huexotzingo   Collection of ancient poems in Nahuatl, the language of the Aztecs of Mexico. The Nahuatl phrase *in xochitl in cuicatl*, "the flower, the sun," is a traditional metaphor. In these poems and others, Morejón puts into dialogue images from Cuba and from Mexico. (Note by David Frye)

Taxco   Colonial silver mining town south of Mexico City.

Teofilito   Twentieth-century Cuban composer, author of the famous song *Pensamiento*.

Tet   Celebration of ancient peoples of Anam.

"The sweet homeland"   Final line from this poem by Mexican poet Ramón López Velarde, from the volume *La suave patria*. (Note by D. Frye)

Tres   Typical instrument of the Cuban *son*.

Trocadero   Havana street where José Lezama Lima lived until his death.

Vallejo (César)   (Peru, 1893–France, 1938) Canonical poet of the Spanish American avant-garde movement.

Yagruma   Cuban tree. According to Cuban oral tradition, it is supposed to have magical properties.

Yemayá   Major *orisha* in Afro-Cuban *santería*. She is the mistress of the sea and oceans. (Note by D. Frye)

Zero option   Final stage of the so-called Special Period in recent Cuban history (1989–1997).

Nancy Morejón:
Poemarios publicados

Mutismos. La Habana: El Puente, 1962.

Amor, ciudad atribuida. La Habana: El Puente, 1964.

Richard trajo su flauta y otros argumentos. La Habana: Unión, Colección Cuadernos, 1967.

Parajes de una época. La Habana: Letras Cubanas, Colección Mínima, 1979.

Poemas (Antología). Efraín Huerta, selec. y pról. Wifredo Lam, ilustrac. de cubierta. México D.F.: Universidad Nacional Autónoma de México (UNAM), 1980.

Octubre imprescindible. La Habana: Unión, Contemporáneos, 1982.

Elogio de la danza. México D.F., Universidad Nacional Autónoma de México: Colección Cuadernos de Poesía, 1982.

Cuaderno de Granada. La Habana: Casa de las Américas, 1984.

Grenada Notebook. Lisa Davis, trad. New York: Círculo de Cultura Cubana, 1984.

Where the Island Sleeps like a Wing (Antología bilingüe). Kathleen Weaver, trad., selec. e introd. Miguel Barnet, pról. San Francisco (California): The Black Scholar Press, 1985.

Poems (Antología). Sandra Levinson, selec. New York: Center for Cuban Studies, 1985.

Piedra pulida. La Habana: Letras Cubanas, Colección Giraldilla, 1986.

Dos poemas de Nancy Morejón. Matanzas, Cuba: Ediciones Vigía, 1989.

Ours the Earth (Antología). Joe Pereira, trad., selec., y introd. Kingston, Jamaica: Instituto del Caribe, Universidad de West Indies (UWI), 1990.

Baladas para un sueño. La Habana: Unión, Colección Ciclos, 1991.

Poemas de amor y muerte. Toulouse: Revista Caravelle, 1993.

Paisaje célebre. Caracas: Fondo Editorial Fundarte, 1993.

Le Chaînon Poétique. Sandra Monet-Descombey, trad. José Castillo, ilustrac. de cubierta. Pref. de Delia Blanco y Pilar Paliès. París: Médiathèque Champigny-sur-Marne, 1994.

Published Collections of Poems by Nancy Morejón

Mutismos. Havana: El Puente, 1962.

Amor, ciudad atribuida. Havana: El Puente, 1964.

Richard trajo su flauta y otros argumentos. Havana: Unión, Colección Cuadernos, 1967.

Parajes de una época. Havana: Letras Cubanas, Colección Mínima, 1979.

Poemas (Anthology). Efraín Huerta, selection and pref. Wifredo Lam, cover illus. Mexico City: Universidad Nacional Autónoma de México (UNAM), 1980.

Octubre imprescindible. Havana: Unión, Contemporáneos, 1982.

Elogio de la danza. Mexico City: Universidad Nacional Autónoma de Mexico City: Colección Cuadernos de Poesía, 1982.

Cuaderno de Granada. Havana: Casa de las Américas, 1984.

Grenada Notebook. Lisa Davis, trans. New York: Círculo de Cultura Cubana, 1984.

Where the Island Sleeps Like a Wing (Bilingual anthology). Kathleen Weaver, trans., selection, and introd. Miguel Barnet, pref. San Francisco (California): The Black Scholar Press, 1985.

Poems (Anthology). Sandra Levinson, selection. New York: Center for Cuban Studies, 1985.

Piedra pulida. Havana: Letras Cubanas, Colección Giraldilla, 1986.

Dos poemas de Nancy Morejón. Matanzas, Cuba: Ediciones Vigía, 1989.

Ours the Earth (Anthology). Joe Pereira, trans., selection, and introd. Kingston, Jamaica: Institute of the Caribbean, University of West Indies (UWI), 1990.

Baladas para un sueño. Havana: Unión, Colección Ciclos, 1991.

Poemas de amor y muerte. Toulouse: Revista Caravelle, 1993.

Paisaje célebre. Caracas: Fondo Editorial Fundarte, 1993.

Le Chaînon Poétique. Sandra Monet-Descombey, trans. José Castillo, cover illus. Pref. by Delia Blanco and Pilar Paliès. Paris: Médiathèque Champigny-sur-Marne, 1994.

El río de Martín Pérez (Antología). Rolando Estévez, ilustr. Matanzas: Vigía, Colección Clásicos del San Juan, 1996.

Elogio y paisaje. La Habana: Unión, Colección La Rueda Dentada, 1997.

Botella al mar (Antología). Adolfo Ayuso, selec. y pról. Zaragoza: Oliphante, Colección Poesía, 1996.

Richard trajo su flauta y otros poemas. Mario Benedetti, selec. y pról. Madrid: Visor, 1999.

La quinta de los molinos. La Habana: Letras Cubanas, Colección Cemí, 2000.

El río de Martín Pérez (Anthology). Rolando Estévez, illus. Matanzas: Vigía, Colección Clásicos del San Juan, 1996.

Elogio y paisaje. Havana: Unión, Colección La Rueda Dentada, 1997.

Botella al mar (Anthology). Adolfo Ayuso, selection and pref. Saragossa: Oliphante, Colección Poesía, 1996.

Richard trajo su flauta y otros poemas. Mario Benedetti, selection and pref. Madrid: Visor, 1999.

La quinta de los molinos. Havana: Letras Cubanas, Colección Cemí, 2000.

Books in the African American Life Series

Coleman Young and Detroit Politics: From Social Activist to Power Broker, by Wilbur Rich, 1988

Great Black Russian: A Novel on the Life and Times of Alexander Pushkin, by John Oliver Killens, 1989

Indignant Heart: A Black Worker's Journal, by Charles Denby, 1989 (reprint)

The Spook Who Sat by the Door, by Sam Greenlee, 1989 (reprint)

Roots of African American Drama: An Anthology of Early Plays, 1858–1938, edited by Leo Hamalian and James V. Hatch, 1990

Walls: Essays, 1985–1990, by Kenneth McClane, 1991

Voices of the Self: A Study of Language Competence, by Keith Gilyard, 1991

Say Amen, Brother! Old-Time Negro Preaching: A Study in American Frustration, by William H. Pipes, 1991 (reprint)

The Politics of Black Empowerment: The Transformation of Black Activism in Urban America, by James Jennings, 1992

Pan Africanism in the African Diaspora: An Analysis of Modern Afrocentric Political Movements, by Ronald Walters, 1993

Three Plays: The Broken Calabash, Parables for a Season, and The Reign of Wazobia, by Tess Akaeke Onwueme, 1993

Untold Tales, Unsung Heroes: An Oral History of Detroit's African American Community, 1918–1967, by Elaine Latzman Moon, Detroit Urban League, Inc., 1994

Discarded Legacy: Politics and Poetics in the Life of Frances E.W. Harper, 1825–1911, by Melba Joyce Boyd, 1994

African American Women Speak Out on Anita Hill–Clarence Thomas, edited by Geneva Smitherman, 1995

Lost Plays of the Harlem Renaissance, 1920–1940, edited by James V. Hatch and Leo Hamalian, 1996

Let's Flip the Script: An African American Discourse on Language, Literature, and Learning, by Keith Gilyard, 1996

A History of the African American People: The History, Traditions, and Culture of African Americans, edited by James Oliver Horton and Lois E. Horton, 1997 (reprint)

Tell It to Women: An Epic Drama for Women, by Osonye Tess Onwueme, 1997

Ed Bullins: A Literary Biography, by Samuel Hay, 1997

Walkin' over Medicine, by Loudelle F. Snow, 1998 (reprint)

Negroes with Guns, by Robert F. Williams, 1998 (reprint)